현장문제해결 ❶

개선기법
Q&A150

김창남 지음

한국표준협회미디어

현장문제해결 ①
개선기법 Q&A 150

발 행 일	2013년 8월 25일 초판 1쇄 발행
저 자	김 창 남
발 행 인	이 종 업
발 행 처	한국표준협회미디어
출판등록	2004년 12월 23일(제2009-26호)
주 소	서울 금천구 가산동 371-50 에이스하이엔드 3차 1107호
전 화	02-2624-0362
팩 스	02-2624-0369
홈페이지	http://www.ksamedia.co.kr

ISBN 978-89-92264-59-4 94320
ISBN 978-89-92264-58-7(세트)

값 15,000원

- 한국표준협회미디어의 허가 없이 무단 전재 및 복제를 금합니다. ⓒ 2013

머리말

못을 박기 위해서는 망치가 필요하고 나무를 자르기 위해서는 톱이 필요하듯이, 문제를 해결하기 위해서는 적재적소의 개선 활동 도구가 필요하다. 하지만 많은 사람들이 도구를 사용하지 않고 문제를 해결하려는 탓에, 업무 문제 해결의 능률이 오르질 않고 개선을 하는데 있어서도 피로도만 높아지고 있다.

즉, 많은 기업들이 문제 해결을 하는데 있어서 개인의 경험에만 의존하여 개선을 실시함으로써 개선을 하려는 담당자 입장에서는 답안을 찾기가 매우 어렵고, 경영층 입장에서는 효과가 나오질 않아 가슴만 태우게 되는 것이다.

개선 활동 기법이란 문제 해결에 있어서 문제를 명확히 하거나 해결 대안을 제시해 주는 중요한 도구이기 때문에, 이를 알고 제대로 활용할 경우에는 짧은 시간에 논리적인 해결을 할 수 있게 된다. 하지만 많은 사람들이 개선 활동 기법을 학습하는데 인색하여 어떠한 문제가 닥쳤을 경우, 원시적인 방법으로 문제를 해결하고 있는 안타까운 경우를 많이 접하게 된다. 쉽게 얘기해서 곱셈을 알면 한 번에 풀 수 있는 문제를 덧셈을 하고 있는 답답한 경우와 같다고 볼 수 있다.

이러한 문제를 해결하기 위해서 이 책에서는 현장에서 발생했던 개선 활동 기법들에 대한 질문들을 집대성하여 누구라도 손쉽게 기법을 사용할 수 있는 방법을 설명하고 있다.

전반부에서는 개선 활동 기법에 대한 기본적인 지식을 쌓을 수 있도록 각종 개선 활동의 의미와 사용 방법을 소개하고 있으며, 중반부에서는 문제 해결에 있어서 가장 많이 활용되고 있는 QC 7가지 기법(도구)과 신QC 7가지 기법(도구)에 대해 다양한 적용 방법을 제시하고 있다. 후반부에서는 5S, TPM, 6시그마, Q-Cost, IE·VE·PL 등 기업에서 활용할 수 있는 모든 개선 활동 기법들을 소개하여 어떤 규모나 어떤 업종에서도 충분히 활용할 수 있도록 했다.

아무쪼록 이 서적이 그동안 개선 활동 기법에 대해 두려움을 갖고 있거나 어떠한 기법을, 어떠한 경우에 적용할지 몰라 어려워했던 많은 사람들에게 '가뭄에 단비'가 되길 바라는 마음이다.

끝으로 이 책이 출판될 수 있도록 힘을 써 주신 한국표준협회미디어 이종업 사장님, 한병식 이사, 송대헌 부장, 최성준 대리께 감사를 드리고, 바쁜 가운데서도 원고 작성을 위해 타이핑과 교정을 열심히 해준 아내 백혜정, 아들 민규, 딸 가연에게도 아빠의 사랑을 전한다.

2013년 8월

김 창 남

차 례

/ 머리말 /

PART 01 기법 개요

Q1	계량치와 계수치란?	17
Q2	QC 7가지 도구란?	19
Q3	신QC 7가지 도구란?	21
Q4	산포란?	23
Q5	표준 편차의 범위, 차이점 및 유사한 점은?	25
Q6	TQM, 6시그마, SCM, TPS란?	27
Q7	SPC를 체계적으로 도입할 수 있는 방법은?	31
Q8	질 좋은 데이터를 수집할 수 있는 방법은?	34
Q9	문제 해결 단계에서 사용하는 QC 기법은?	36
Q10	데이터를 가공하는 기법은?	38
Q11	QP, QC, QA, QI란?	41
Q12	일상생활에서의 QC 기법 활용 방법은?	43

PART 02 QC 7가지 기법

1. 층별

Q13	층별 실시에 대한 정확한 의미는?	49
Q14	각 공정에서의 층별 활용은?	51

2. 체크시트

Q15	기록용 체크시트란?	54
Q16	점검용 체크시트란?	56
Q17	파레토도 작성 방법은?	58
Q18	파레토도의 가로축과 세로축 항목은?	62
Q19	중점 관리 항목의 누적 점유율은?	64
Q20	파레토도의 꺾은선그래프는?	67

3. 특성요인도

Q21	'왜'라는 말을 3번 이상 하라는 이유는?	68
Q22	특성요인도의 원인 분석이란?	70
Q23	특성요인도에서 3M이나 5M은?	72
Q24	원인 분석 시 사용되는 기법은?	74

4. 히스토그램

Q25	히스토그램이란?	76
Q26	산포를 줄이려면?	78
Q27	히스토그램 작성 시 구간의 폭은?	80

Q28	히스토그램 작성 방법은?	82
Q29	공정 능력 지수(Cp) 산출 방법은?	85
Q30	규격 상한치만 있을 때의 공정 능력 분석은?	88
Q31	Cpk와 Ppk의 다른 점은?	90
Q32	정규 분포와 표준 정규 분포란?	93
Q33	공정 능력 지수가 좋아지면 어떤 이익이?	95

5. 산점도

Q34	산점도란?	98
Q35	산점도의 상관 관계 유형은?	100
Q36	산점도의 상관성을 판독하는 방법은?	101

6. 그래프(관리도)

Q37	3시그마 관리 한계란?	105
Q38	관리도의 종류와 용도는?	107
Q39	$\bar{x}-R$ 관리도의 작도법은?	110
Q40	$\bar{x}-R$ 관리도의 KS 번호는?	115
Q41	관리도를 잘 그리려면?	116
Q42	관리도에서 계량치와 계수치 적용 방법은?	118
Q43	$x-R$ 관리도에서 필요한 데이터 수는?	120
Q44	c 관리도와 u 관리도의 사용법은?	121
Q45	c 관리도의 용도 및 작성법은?	122
Q46	u 관리도의 용도 및 작성법은?	126
Q47	c 관리도나 u 관리도에서의 UCL 관리 방법은?	130

| Q48 | 그래프의 종류와 특징은? | 132 |
| Q49 | 점그래프란? | 134 |

PART 03 | 신QC 7가지 기법

1. 연관도법

Q50	연관도법이란?	139
Q51	연관도를 연결하는 방법은?	142
Q52	연관도 작성 방법은?	145
Q53	연관도 작성의 핵심은?	147

2. 계통도법

| Q54 | 계통도법 작성 순서는? | 149 |
| Q55 | 계통도를 작성하는 이유는? | 152 |

3. 매트릭스도법

Q56	L형 매트릭스도란?	153
Q57	T형 매트릭스도란?	155
Q58	T형 매트릭스에서 가중치란?	159

4. 친화도법

| Q59 | KJ법이란? | 162 |

5. PDPC법

Q60 PDPC법이란?   166
Q61 PDPC법 진행 순서는?   168

6. 애로 다이어그램법

Q62 애로 다이어그램이란?   170

7. 매트릭스 데이터 해석법

Q63 매트릭스 데이터 해석의 진행 순서는?   172

PART 04 | 다양한 현장 개선 기법

1. 5S

Q64 5S 활동이란?   177
Q65 5S 활동에서 'S'란?   180
Q66 5S 활동의 평가 항목은?   182
Q67 5S 활동의 점검 주기는?   185
Q68 개선 전과 후의 정점 촬영이란?   188

2. TPM

Q69 TPM의 유래는?   191
Q70 TPM의 활동 및 변천 과정은?   194

Q71	MTBF의 의미와 가용도 산출 방법은?	196
Q72	설비 종합 효율 산출 방법은?	199
Q73	설비 가동률 산출 방법은?	202
Q74	분임조 활동과 TPM을 접목 방법은?	204
Q75	TPM 활동에서 개별 개선 활동 단계는?	206
Q76	TPM에서 추구하는 것은?	209
Q77	TPM 활동의 종류는?	210
Q78	자주 보전 7단계의 추진 방법은?	213
Q79	QC 분임조와 TPM 분임조의 차이는?	216
Q80	활동 현황판 정리 방법은?	218
Q81	설비 종합 효율과 관련된 데이터는?	220
Q82	MTBF 추정 방법은?	223

3. 6시그마

Q83	6시그마란?	225
Q84	데이터 취합 후의 표준 편차는?	227
Q85	6시그마 활동과 분임조 활동의 차이는?	230
Q86	6시그마에서의 문제 해결 추진 방법은?	233
Q87	6시그마 활동에서 주제 선정은?	235
Q88	6시그마의 교육 방법은?	238
Q89	6시그마에서 ±1.5시그마 자연 변동이란?	241
Q90	6시그마에서 사용되는 소프트웨어는?	246
Q91	유의 수준이란?	248
Q92	검정을 하는 이유는?	249
Q93	회귀 분석이란?	252

Q94	게이지 R&R 분산 분석의 공차 기입 방법은?	255
Q95	6시그마 활동은 무엇부터?	258
Q96	6시그마를 현장에 적용하는 방법은?	261
Q97	품질 경영 활동과 6시그마 활동의 차이점은?	263
Q98	6시그마의 허와 실은?	266
Q99	6시그마와 부적합품률의 관계는?	269
Q100	비제조 부문의 예상 효과 산출 방법은?	271
Q101	직접 제조 부문의 부적합품률의 목표는?	275
Q102	6시그마 활동과 분임조 활동과의 연계는?	276
Q103	DPU, DPO란?	278
Q104	DMAIC 단계별 추진 내용은?	280
Q105	미니탭에서 한쪽 규격일 경우의 공정 능력은?	283
Q106	측정 시스템 분석이란?	285

4. Q-Cost

Q107	품질 비용이란?	287
Q108	실패 비용에 들어가야 할 항목은?	290
Q109	예방 비용에 대한 사례는?	294
Q110	평가 비용에 대한 사례는?	296
Q111	실패 비용에 대한 사례는?	298
Q112	Hidden COPQ의 산출 방법은?	301
Q113	품질 비용의 종류 및 비용은?	305

5. VE · IE · PL

Q114	VE와 IE의 연혁 및 특징은?	306
Q115	VE의 태동 배경 및 추진 단계는?	307
Q116	IE의 태동 배경은?	310
Q117	IE의 주요 활동 기법들은?	313
Q118	작업 분석을 쓸 수 있는 기법은?	315
Q119	비용이 많이 드는 개선 활동은?	318
Q120	설계 단계에서의 안전성 확보 활동은?	321
Q121	개발 단계에서의 안전성 확보 활동은?	323
Q122	생산 단계에서의 안전성 확보 활동은?	327
Q123	PL을 고려한 구매 계약서 사례는?	329
Q124	경고 표시 작성 포맷은?	331
Q125	시그널 워드의 종류와 사용 색상은?	334
Q126	경고 표시의 검토 사항은?	336
Q127	경고 표시 작성 사례는?	338
Q128	경고 문구와 소비자에 대한 피해 보상은?	341

6. 기타

Q129	QC 공정도에서의 검사 항목과 관리 항목은?	343
Q130	TPS와 JIT란?	346
Q131	검사 방법의 종류와 검사 비용은?	350
Q132	많이 사용하는 샘플링 방식은?	352
Q133	집락(취락) 샘플링이란?	355
Q134	샘플링 검사에서의 샘플 검사 수량은?	358

Q135	샘플링 검사에서 검사 수준 설정은?	361
Q136	전수 검사 시 검사 시간의 최소화 방법은?	363
Q137	수입 검사 성적서의 활용 방법은?	366
Q138	신뢰도란?	369
Q139	초기 또는 우발 고장에 대한 예방 대책은?	370
Q140	초기 고장 발생률을 줄이기 위한 기법은?	374
Q141	신뢰성에서 $F(t)$, $R(t)$, $f(t)$, $\lambda(t)$란?	377
Q142	BSC란?	380
Q143	BSC의 4대 관점이란?	382
Q144	성과 지표의 설정 및 관리는?	386
Q145	QFD의 고객 요구 사항에서의 코스트?	388
Q146	HOQ 작성 결과가 잘못되었을 때는?	390
Q147	설계 FMEA 및 공정 FMEA란?	392
Q148	FMEA 실시 순서는?	394
Q149	심각도, 발생도, 검출도에 대한 평점표는?	397
Q150	Single PPM 문제 해결 단계는?	401

/ 참고 문헌 /

PART 01

기법 개요

Q1 계량치와 계수치 데이터에 대해 아직도 이해가 잘 안 됩니다. 쉽게 알 수 있도록 가르쳐 주세요.

A 계량치와 계수치 데이터는 품질 관리에서 매우 중요한 구분입니다. 데이터 유형이 '계량치'인지, '계수치'인지에 따라서 통계적 기법(관리도, 검정, 추정, 샘플링 검사, 분포 등)을 사용하는 방법이 상이하기 때문입니다.

쉽게 말해서 계량치 데이터란 계측기를 사용하여 그 값을 측정해야 하는 성질을 가진 데이터를 말하며, 계수치 데이터란 별도의 계측기 없이 눈으로 보고 '하나, 둘, …' 하며 셀 수 있는 데이터를 말합니다.

이를 좀 더 체계적으로 정리해 보면 다음 〈표〉와 같습니다.

〈표〉 계량치와 계수치 비교

구 분	의 미	측정 방법	데이터 예
계량치	연속량으로 측정되는 품질 특성의 수치	계측기 사용	길이, 무게, 인장 강도, 온도, 절연 저항, 내전압 등
계수치	불연속량으로 측정되는 품질 특성의 수치	별도 측정 장비 없이 육안으로 셈	부적합 수, 결점 수, 흠의 수, 크랙 수, 핀홀 수 등

Q2 QC 7가지 도구에 대해 설명해 주세요.

A QC 7가지 도구는 데이터 중에서도 수치로 된 데이터를 정리하는데 유용하게 쓰일 수 있습니다. 데이터의 크기 비교나 추이, 수집된 데이터의 모양(산포나 평균치), 어떤 원인 변수와 결과 특성치 간의 상관 관계 등을 찾아내는데 쓰이는 기법들이며, 예외로 언어 데이터를 가공하는 기법으로 특성요인도라는 것이 있습니다. 특성요인도란 어떤 문제점에 대한 원인을 찾아내는데 아주 유용한 기법이기도 합니다. 각 기법별로 활용 용도를 간략히 정리해 드리면 다음 〈표〉와 같습니다.

〈표〉 QC 7가지 도구 활용 용도

NO	기 법	활용 포인트
1	그래프(관리도)	데이터를 도형으로 나타내어 수량의 크기를 비교하거나, 수량이 변화하는 상태를 알기 쉽게 찾아내기 위한 방법(관리도는 공정의 안정 상태를 파악하는데 유용함)
2	파레토도	데이터를 항목별로 분류·정리하고 크기순으로 나열하여 가장 큰 문제가 무엇인지를 찾아내는 방법
3	층별	집단을 구성하고 있는 문제(데이터)를 어떤 특징에 따라 몇 개의 그룹으로 구분하여, 품질에 대한 영향 정도를 파악하는 방법
4	히스토그램 [柱狀圖]	모집단으로부터 취하여진 데이터에 의해 모집단의 모습(분포의 모양, 중심 위치, 산포의 크기)을 파악하는 방법
5	산점도 (散點圖)	짝을 이룬 2개의 데이터를 기입해 데이터 상호간의 관계를 보는 그래프로, 부적합이라는 결과와 그 원인이라고 생각되는 것 사이에 어떤 관계(인과 관계)가 있는지를 사실에 입각한 데이터에 의해 해석하는 방법
6	체크시트	사전에 설계한 시트에 얻고자 하는 정보(숫자, 현상)를 기재하여 데이터가 간단하게 정리되도록 하는 방법
7	특성요인도	특성(결과)과 요인(원인)과의 관계를 그림으로 그려 계통적으로 표시하는 방법

Q3 신QC 7가지 도구에 대해 설명해 주세요.

A 기존의 QC 7가지 도구는 대부분이 정량적(수치) 데이터를 정리·분석하는 기법들인데 반하여 신QC 7가지 도구는 대부분이 정성적(언어) 데이터를 정리·분석하는 기법들입니다.

지면상 각 기법의 사용 방법을 구체적으로 설명하기는 어렵고, 각 기법에 대한 활용 포인트만을 정리하면 다음 〈표〉와 같습니다.

〈표〉 신QC 7가지 도구 활용 포인트

NO	기법	활용 포인트
1	연관도법	복잡한 요인이 얽히는 문제에 대하여 그 인과 관계를 명확히 함으로써 적절한 해결책을 찾아내는 방법
2	친화도법	혼동된 상태에서 수집한 언어 데이터를 상호의 친화성에 의해서 통합하여 해결해야 할 문제를 명확히 하는 방법
3	계통도법	목적을 성취하는 최적 수단을 계통적으로 추진해 가는 방법
4	매트릭스도법	다원적 사고(多元的思考)에 의해 문제점을 명확히 하는 방법, 즉 문제의 착안할 만한 사상이나 사항의 요소들을 매트릭스로 조합하여 생각함으로써 문제의 해결에 대한 착안점을 얻는 방법
5	매트릭스 데이터 해석법	매트릭스도에 배열된 많은 변수 간의 상관 관계를 수치 데이터로 알아보기 쉽게 정리하는 방법
6	PDPC법 (Process, Decision Program Chart :과정 결정 계획도)	상황의 진전과 더불어 여러 가지 결과가 예상되는 문제에 대해서 바람직한 결과에 도달하는 프로세스를 정하는 방법
7	애로 다이어그램법 (arrow digram)	가장 알맞은 일정 계획을 세워 효율적으로 일에 대한 진도를 관리하는 방법으로서 OR 기법인 PERT(Program Evaluation and Review Technique) 또는 CPM(Critical Path Method)을 그대로 사용하는 방법

Q4 산포란 것이 무엇입니까? 이를 왜 관리해야 하는 건지 궁금합니다.

A 산포(散布, dispersion)란 데이터의 흩어진 정도를 말하며, 이를 관리해야 하는 이유는 쉽게 말해서 균일한 품질의 제품을 생산하기 위한 것입니다.

생산 라인에서 여러 개의 제품을 생산하다보면 이미 정해진 제품의 규격은 있지만(일반적으로 규격 중심치와 허용차) 생산된 각각의 제품을 측정해 보면 품질 특성치의 측정 결과 값이 규격 중심치와 똑같은 경우는 거의 찾기가 힘듭니다.

이런 현상을 '데이터에 산포가 발생한다'고 합니다.

예를 들어 A, B 두 라인에서 생산된 제품을 샘플링 하여 길이(품질 특성치)가 검사 항목일 경우 이를 측정해 보면

첫째 A라인과 B라인에서 생산된 제품들이 〈그림 1〉과

같이 산포(표준 편차)는 같으나 평균치가 다른 경우가 있으며, 둘째 A라인과 B라인에서 생산된 제품들이 〈그림 2〉와 같이 산포(표준 편차)는 다르나 평균치가 같은 경우가 발생할 수 있습니다.

이 두 가지 경우 모두 형태의 차이는 있으나 제품의 부적합이 발생할 수 있습니다.

따라서 좋은 품질의 제품을 생산하기 위해서는 평균치와 편차를 관리해야 합니다. 평균치와 편차를 관리하기 위해서는 기본적으로 4M(Man, Material, Machine, Method)을 중점 관리해야 합니다. 다른 측면으로 얘기하자면 공정에서 부적합이 발생되는 근본적인 원인은 4M 관리가 되지 않기 때문이라고 말할 수 있습니다.

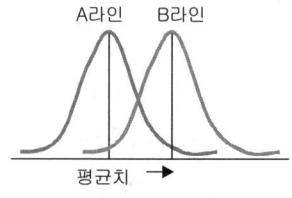

〈그림 1〉 평균치 차이 발생

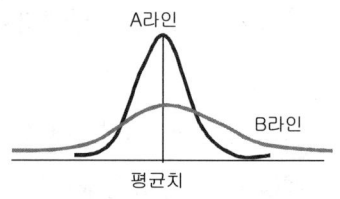

〈그림 2〉 산포 차이 발생

Q5 표준 편차와 범위의 정의와 차이점, 그리고 유사한 점에 대해 가르쳐 주십시오.

A 표준 편차와 범위 모두 데이터의 흩어진 정도(산포)를 나타내는 것입니다. 단지 표준 편차는 수집한 데이터의 평균값을 기준으로 각 데이터들이 떨어진 거리의 평균값으로, 이를 구하기 위해서는 평균값을 기준으로 각 데이터의 떨어진 거리를 제곱하여(이를 제곱의 합이라 함) 모두 더한 후 데이터 수만큼 나누어 루트를 씌워 구합니다. 루트를 씌우는 이유는 제곱을 하였기 때문에 이를 다시 환원시키는 것이지요. 만약 제곱을 하지 않으면 평균값을 중심으로 각 데이터의 떨어진 거리를 모두 더하면 제로(0)가 되기 때문입니다.

제곱의 합(sum of squares)

$$S = \sum_{i=1}^{n}(x_i - \overline{x})^2 = \sum_{i=1}^{n} x_i^2 - \frac{(\Sigma x_i)^2}{n}$$

표준 편차(standard deviation)

$$s = \sqrt{\frac{S}{n-1}}$$

범위는 수집한 데이터에서 최대값 - 최소값의 차이를 말합니다.

범위(range)

$$R = X_{max} - X_{min}$$

표준 편차를 구하는 것에 비교하면 범위는 쉽게 구할 수가 있는 것이 장점이지만, 데이터의 흩어진 정도를 정확하게 표시하는 것은 표준 편차입니다. 범위는 컴퓨터가 발달하기 전에 수작업으로 손쉽게 구할 수 있기 때문에 많이 쓰였으나, 최근에는 다양한 통계 프로그램의 보급으로 인하여 표준 편차를 쉽게 산출할 수 있으므로 산포를 알고자 할 때에는 표준 편차를 사용하는 것이 좋습니다.

Q6 경영 혁신 기법인 TQM, 6시그마, SCM, TPS에 대해 자세히 알고 싶습니다.

A 질문이 많아 자세히 설명 드리는 데는 한계가 있을 것 같습니다. 대신 핵심이 되는 내용만을 간추려 정리해 드리니 참고하시기 바랍니다.

첫째, TQM(Total Quality Management)이란 전사적 품질 경영이란 말로 품질 경영(QM) 활동을 전사적으로 추진한다는 뜻입니다.

품질 경영이란 국제표준화기구(ISO)에서 정의한 내용을 보면 '품질에 관하여 조직을 지휘하고 관리하기 위해 조정되는 활동'(ISO 9000) 이라고 되어 있습니다. 즉 품질 기(계)획(QP), 품질 보증(QA), 품질 관리(QC), 품질 개선(QI)의 수단으로 품질 방침, 목표, 책임 및 실행을 규정한 총체적인 경영 기능의 모든 활동이라는 것입니다.

흔히 QM = QP + QC + QI + QA로 표현하기도 합니다.

둘째 6시그마에서 시그마(sigma, σ)란 그리스 알파벳 24개 글자 중 18번째 글자에 해당하며, 통계학에서는 이를 표준 편차(standard deviation)를 나타내는 기호로 사용하고 있으며, 6시그마(six sigma)란 규격 상한(USL : Upper Specification Limit)과 규격 하한(LSL : Lower Specification Limit)이 있는 경우, 단기적으로 볼 때 규격 중심으로부터 규격 상한(또는 하한)까지의 거리가 표준 편차(σ)의 6배 거리에 있다고 하는 의미입니다.

이 경우 규격 밖에 데이터가 존재할 확률은 100만 개 중 3.4개(3.4ppm)로 매우 적은 수준이 됩니다. 즉 100만 개 생산품 중 3.4개의 부적합이 발생하는 수준으로 이해하면 됩니다.

셋째, SCM(Supply Chain Management)이란 공급망 관리 활동으로 발주자[母企業]와 납품 업자(협력 업체) 간에 가치 사슬 관점에서 물류 흐름과 생산 정보를 공유하여 품질과 생산성 향상을 꾀하는 활동을 말합니다. 최근에 들어 모기업과 협력 업체의 상생을 위한 협업 체계가 기업의 경쟁력 강화에 중요한 요소로 평가되고 있어 많은 기업에서 추진되고 있습니다.

협력사에서 납품되는 부품의 품질이 좋아야 모기업에서 생산되는 제품의 품질이 좋아지는 것은 당연한 이치임에도 불구하고, 많은 기업에서 모기업과 협력 업체의 가치사슬을 탄탄하게 구축하는 것에는 노력이 부족했던 탓에 최근에는 이를 강화하여 모기업과 협력 업체가 그야말로 상생할 수 있는 수단으로 많이 활용되고 있습니다.

넷째, TPS(Toyota Production System)란 도요타 생산 시스템을 일컫는 말로, 1937년 8월 창립한 일본의 도요타 자동차에서 구축한 생산 시스템입니다. 이 시스템의 특징은 인력과 설비 등의 생산 능력을 필요한 만큼만 유지하면서도 효율을 극대화할 수 있도록 작업 정보를 긴밀하게 교환하는 협동적인 생산 시스템입니다.

이를 실천하는 도구로는 많은 것을 사용하고 있지만 대표적으로 생산 중에 발생하는 ① 과잉 생산의 낭비, ② 대기의 낭비, ③ 운반의 낭비, ④ 가공의 낭비, ⑤ 재고의 낭비, ⑥ 동작의 낭비, ⑦ 부적합의 낭비를 생산의 7대 낭비로 규정하고, 이를 최소화하는 데에 초점을 맞추고 있으며 생산 흐름(flow) 또한 기존의 'PUSH'(밀어내기 : 전공정에서 만들어 후공정으로 보냄) 생산 방식에서 'PULL'(당기기 : 후공정에서 필요한 수량을 전공정에 요구하는 방식) 생산 방식으로 전환하여 재고를 최소화하고 있습니다. 이를 JIT(Just In Time : 적기 생산 방식)이라고 합니다.

이외에도 평준화 생산, 동기화 생산, 인변(한자의 사람 '人' 邊) 자동화(自働化), 간판 시스템, 안돈(안전등), 페이스메이커(pace maker) 등 많은 도구들을 개발하여 활용하고 있습니다.

Q7 회사 역사가 오래됐는데도 불구하고 SPC라는 체계가 잡혀 있지 않습니다. 어떻게 하면 효과적인 SPC를 체계적으로 도입할 수 있을까요?

A 공정 관리란 공정 내의 산포(데이터의 흩어진 정도)를 최소화하기 위하여 공정을 지속적으로 관리해 나가는 것을 말합니다.

이를 위해서는 무엇보다 공정을 안정화시키는 것이 중요합니다. 쉽게 얘기하면 공정의 산포를 일으키는 요인인 4M을 관리하는 것이지요. 이 프로세스를 도식화하면 다음 〈그림〉과 같습니다.

〈그림〉과 같이 공정 관리란 제품 제조 공정을 관리하는 것이며, 이는 제품 관리와는 차이가 있습니다.

제품 관리란 생산된 제품을 제품 검사와 비교하여 출하 품질을 관리하는 것입니다. 제품 관리와 공정 관리의 차이점을 알기 쉽게 비교하면 다음 〈표〉와 같습니다.

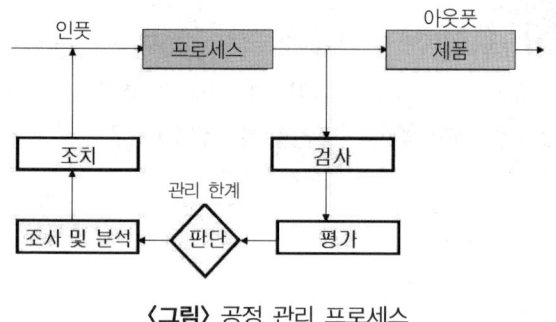

〈그림〉 공정 관리 프로세스

〈표〉 제품 관리와 공정 관리의 차이점

구 분	제품 관리	공정 관리
관리 대상	제품	공정
목 표	제품 규격 만족	• 공정 중심치를 목표에 일치시킴 • 공정 산포의 최소화
활용 도구	샘플링 검사	관리도
개선 대상	출하 품질	품질 향상
관리 초점	사후 조치	사전 예방

통계적 공정 관리(SPC : Statistical Process Control) 추진 단계는 다음과 같이 10단계로 실행합니다.

1단계	기본 계획 수립
2단계	예비 평가 및 공정의 이해
3단계	현상 파악
4단계	SPC 실행
5단계	인풋 요소의 선정 및 관리
6단계	SPC 평가(안정화)
7단계	관리 목표 설정
8단계	공정 능력(Cp, Cpk) 분석 및 확보
9단계	목표 달성
10단계	지속적 관리

Q8

모든 기법에서 중요한 것이 데이터 수집인데 어떻게 수집해야 활용 가능한 질 좋은 데이터를 수집할 수 있나요?

A 데이터 수집은 품질 관리 활동에서 가장 기본이 되는 사항입니다. 이것이 결여되었다면 그야말로 '앙꼬 없는 찐빵'이지요.

귀하께서 질문하신 '질 좋은 데이터를 수집'하기 위해서는 크게 2가지가 필요합니다.

첫째는 수집 데이터 값의 정확성이고, 둘째는 적절한 샘플링 방법입니다.

데이터의 정확성 확보란 피측정체의 물성·화학적 특성을 채집하는 과정에서 오차를 최소화하는 것으로, 이를 위해서는 측정 기기가 정확한 값을 지시하고 측정자가 이를 정확히 읽어야 합니다. 이 두 가지 과정 중 어느 한 가지라도 결함 요소가 있다면 수집된 데이터의 신뢰도는 떨어지게 됩니다. 이에 대한 정확성 확보를 위하여 많이 활용되고 있는 방법이 게이지 R&R(Repeatability & Reproducibility)입니다.

다음으로 적절한 샘플링 방법이란 모집단의 특성을 그대로 반영할 수 있는 표본을 추출하는 것입니다. 예를 들어 지난 '한나라당' 경선에서 이명박 후보와 박근혜 후보의 지지율을 예측하기 위해서는 우리나라 전 국민이나 '새누리당' 전 당원을 조사해야 하지만, 이는 시간적·비용적으로 거의 불가능하므로 전체 의견을 대표할 수 있는 표본을 추출하여 이를 예측하는 것이지요.

이에 대한 대표성을 확보하기 위하여 사용하는 것이 샘플링 방법입니다.

샘플링 방법은 단순 랜덤 샘플링, 지그재그 샘플링, 층별 샘플링, 계통 샘플링, 군집 샘플링 등 여러 방식이 있으니 모집단의 특성을 잘 반영할 수 있는 방법을 선택하여 사용하면 됩니다.

Q9 분임조 문제 해결 단계에서 주로 사용하는 QC 기법의 종류를 알고 싶습니다.

A 분임조 활동에서는 QC 7가지 도구와 신QC 7가지 도구가 많이 활용됩니다. 더불어 각 단계에서 사용되는 QC 기법 또한 어느 정도 정해져 있으며 그 종류는 다음 〈표〉와 같습니다. 여기에 제시한 단계별 기법들은 일반적으로 많이 활용되는 의미이지 절대적인 것은 아닙니다.

〈표〉 분임조 활동 단계별 QC 기법

	활동 단계	QC 기법		활동 단계	QC 기법
1	주제 선정	매트릭스도법 (L형, T형)	6	대책 수립 및 실시	계통도법, 데밍 사이클
2	활동 계획 수립	간트차트	7	효과 파악	체크시트, 파레토도, 히스토그램
3	현상 파악	체크시트, 파레토도, 히스토그램	8	표준화	–
4	원인 분석	특성요인도, 연관도	9	사후 관리	관리도, 체크시트
5	목표 설정	막대그래프, 띠그래프	10	반성 및 향후 계획	레이더차트, 간트차트

Q10 데이터는 많이 있지만 활용하기 좋게 가공하는 기법을 몰라 답답합니다. 어떻게 해야 하는지 상세히 가르쳐 주십시오.

A 데이터란 일반적으로 가공하지 않은 사건(event)의 나열이라고 볼 수 있습니다. 예를 들면 검사 항목별 부적합품 수, 부적합 수, 측정값 등이 이에 해당됩니다.

그러나 데이터만 가지고는 아무것도 할 수가 없습니다. 왜냐하면 데이터를 보고는 아무런 판단을 할 수 없기 때문입니다. 그래서 이것을 의도하는 목적대로 가공하여 의사를 결정할 수 있도록 한 것을 정보(information)라고 합니다.

정보를 보면 현재의 상태가 어떠한지, 현재의 수준이 어떠한지, 추이는 어떤지 등을 쉽게 파악할 수 있습니다.

그럼 데이터를 정보화하는 방법에는 어떤 것이 있을까요? 그것이 바로 QC 7가지 도구 및 신QC 7가지 도구인 것입니다.

가공 목적에 따라 다음 〈표〉를 참조하여 적절히 사용하기 바랍니다.

〈표 1〉 QC 7가지 도구

구 분	용 도	기 법	가공 목적
QC 7가지 도구	수치 데이터 가공 기법 (단, 특성요인도 제외)	그래프	데이터의 크기나 시간적인 변화를 비교
		파레토도	데이터의 우선 순위 및 점유율 비교
		특성요인도	데이터의 결과와 원인 관계 파악
		층별	데이터를 다각적인 측면에서 비교
		체크시트	데이터의 발생 빈도나 확인 상태를 파악
		히스토그램	데이터의 평균치와 편차 파악
		산점도	데이터 간의 상관 관계 분석

〈표 2〉 신QC 7가지 도구

구 분	용 도	기 법	가공 목적
신QC 7가지 도구	언어 데이터 가공 기법 (단, 매트릭스 데이터 해석법 제외)	친화도법	데이터의 그루핑(grouping)
		계통도법	목적과 수단의 연계성 또는 대상의 구성 요소 전개
		매트릭스도법	변수 간의 상관 정도 분석
		연관도법	데이터의 결과와 원인 관계 파악
		애로 다이어그램	업무 또는 작업의 일정 관리
		매트릭스 데이터 해석법	변수 간의 상호 작용에 의한 특성치(결과치) 측정
		PDPC법	향후 발생 예측되는 여러 가지 상황을 예측

Q11
품질 경영의 4대 범주인 품질 기획, 품질 관리, 품질 보증, 품질 개선에 대해 알기 쉽게 설명해 주십시오.

A 품질 경영(Quality Management) 활동에 대하여 국제표준화기구(ISO)에서 정의한 내용을 보면 '품질에 관하여 조직을 지휘하고 관리하기 위해 조정되는 활동'(ISO 9000)이라고 되어 있습니다. 즉 품질 기(계)획, 품질 보증, 품질 관리, 품질 개선의 수단으로 품질 방침, 목표, 책임 및 실행을 규정한 총체적인 경영 기능의 모든 활동이라는 것이죠.

첫째, 품질 기(계)획(QP: Quality Planning)이란 품질 목표를 세우고, 그 목표를 달성하기 위해 필요한 운영 프로세스 및 관련 자원을 규정하는데 중점을 둔 활동을 말합니다. 즉 중장기 품질 경영 활동의 로드 맵을 수립하고 이를 근거로 당해 연도의 품질 경영 활동 계획을 수립하는 것으로, 품질 경영 활동의 전체적인 추진 방향을 세우는 활동이라고 보면 됩니다.

둘째, 품질 관리(QC : Quality Control)란 품질 요건을 충족시키기 위하여 사용되는 운영 기법 및 활동을 말합니다. 즉, 설계 품질을 충족시키기 위하여 제조 품질(4M)과 검사 품질(검출력)을 관리하는 것이라고 볼 수 있죠. 제조 공정도나 QC 공정도에 의거하여 작업을 수행하는 것이라 보면 쉽게 이해가 되리라 생각합니다.

셋째, 품질 개선(QI : Quality Improvement)이란 품질 요구 사항을 충족시키는 능력을 증진하는데 중점을 두는 활동을 말합니다. 즉 각종 개선 활동(6시그마, 분임조, 제안, TPM 활동 등)을 통하여 제품의 부적합이 발생하지 않도록 하는 활동이라고 생각하면 쉬울 것 같습니다.

넷째, 품질 보증(QA : Quality Assurance)이란 제품 또는 서비스가 제시된 품질 요건 사항을 만족시키고 있다는 것에 대해 적절히 신뢰감을 주기 위하여 필요한 모든 계획적이고 체계적인 활동을 말합니다. 즉, 생산한 제품이 고객에게 인도된 이후의 불만이나 클레임 발생 시 이를 신속하고 정확하게 처리함으로써 고객 만족을 추구하는 활동이라고 볼 수 있습니다.

Q12 품질 관리 기법을 일상생활에 활용할 수 있나요?

A   QC란 Quality Control의 약자로 직역하면 질(質) 관리입니다. 즉 제품의 품질에만 해당되는 것이 아니고 모든 분야의 질 향상 기법으로 쓰일 수 있다는 것입니다.

요즘은 이런 뜻을 좀 더 가시적으로 표현하여 품질 경영(Quality Management)으로 용어의 의미를 확장하여 사용하고 있습니다.

그럼 필자의 가정에서 QC 기법을 생활에 적용하고 있는 예를 한 가지만 소개해 보겠습니다.

저희 집사람은 결혼 후 줄곧 가계부를 쓰고 있습니다. 때문에 주변에서도 알뜰한 주부라는 소리를 듣는 편입니다. 맞벌이 생활에 아이들을 키우고 바쁜 가운데에서도 밤

늦게 가계부를 정리하는 모습이 안스럽기도 합니다.

하지만 언젠가 집사람에게 '우리 가정의 가계 지출에 무엇이 가장 큰 문제이냐?'고 물었더니 딱 꼬집어 얘기하기는 어렵고 '이것도 문제 저것도 문제, 온통 모든 것이 문제'인 것처럼 이야기하였습니다.

한 달 후 다시 같은 질문을 하니 역시 같은 대답이었습니다. 가계부에 많은 지출 기록이 있지만 그것에 대한 정리·분석이 제대로 되지 않은 것입니다.

필자가 업체를 지도할 때 품질 관리가 안 되는 회사의 공통점을 살펴보니 데이터는 있으나 그것을 활용하지 않는다는 것이었습니다. 예를 들어 검사 성적서는 열심히 작성하고 있으나 그것은 작성하는데 의미를 두었지, 정작 그것을 집계·분석하여 향후 품질 개선 자료로는 전혀 활용하지 않고 있었습니다.

역시 저희 집사람도 가계부에 매일매일 시간과 정성을 들여 데이터는 작성하고 있었으나, 정작 그 데이터가 살아 있는 정보가 될 수 있도록 가공하는 데에는 미흡하였던 것입니다.

어느 날 필자는 시간을 내어 월별 가계 지출 항목을 충별(식비, 의료비, 피복비, 보험료, 적금, 외식비, 기타 등)하여 파레토도를 그려 보았습니다. 또한 몇 개 항목에 대하여 띠그래프를 사용하여 월별 지출 변화 추이에 대해서도 분석을 해 보았습니다.

분석 결과를 집사람에게 보여 주니 앞으로 무슨 지출 항목을 얼마나 줄여야 할 것인지가 한눈에 보인다며 기뻐하였습니다.

그때부터 집사람은 쇼핑 시 항상 구입할 물품명과 금액을 메모(plan)하고 특별한 사항이 없는 한 그 물건만 구입(do)하여 충동구매가 없어졌으며, 매월 지출 계획을 세우고 한 달 후 지출 결과를 비교(check)하여 다음 달 지출 계획을 수립(action)하는 습관이 몸에 배게 되었습니다.

자연히 지출은 전보다 줄어들게 되었고, 아이들까지도 검소한 생활을 본받게 되어 일석이조의 효과를 얻을 수 있었습니다.

QC 7가지 기법

Q13 층별 실시에 대한 정확한 의미를 사례를 들어 설명을 부탁 드립니다.

A 쉽게 말해 층별(stratification)이란 특정 목적을 가지고 어떤 집단을 다각도의 관점으로 분류 (sorting)하는 것입니다. 예를 들어 사람을 혈액형별로 나눈다든지, 학력별로 나눈다든지, 고향별로 나눈다든지 하는 것이죠.

분임조 활동에서는 데이터의 공통점이나 경향, 특징에 착안해 기계별, 원재료별, 작업 방법별, 작업자별 등과 같은 기준으로 몇 개의 그룹으로 나눌 때 사용하고 있지요.

일반적으로 많이 사용되고 있는 층별 유형에 대하여 정리하면 다음 〈표〉와 같습니다.

〈표〉 층별 유형 사례

NO	대상	층별 유형
1	작업자	남녀, 연령, 경력 등
2	기계	라인, 기종, 호기, 치공구, 금형 등
3	작업 방법	온도, 압력, 습도, 속도, 수작업, 자동화 등
4	원재료	제조 메이커, 구입처, 로트 등
5	시간	매시간, 오전, 오후, 낮, 밤, 요일, 주, 월, 계절 등
6	기타	측정기, 검사 장소, 날씨, 운송 방법, 검사 장소, 조명 등

Q14 현장 개선 QC 기법 중 층별이 있는데, 이를 각 공정에서 어떻게 구분해야 하는 것인지 사례를 들어 설명해 주세요.

A 원부자재를 납품하고 있는 A사, B사에 대하여 히스토그램을 작성한 결과 규격 상한과 하한을 벗어나는 부적합이 모두 발생하고 있었습니다.

하지만 이를 〈그림 1〉과 같이 납품 업체별로 층별 후 다시 히스토그램을 작성해 보니 A사는 규격 상한을 벗어나는 부적합이 발생하고 있는 반면에, B사는 규격 하한을 벗어나는 부적합만이 발생하고 있다는 새로운 사실을 알 수가 있습니다.

이렇게 층별을 실시해 봄으로써 납품 업체별 품질 수준을 명확히 알 수 있게 되며, 개선 방향 또한 A사와 B사가 다르게 적용해야 한다는 정보를 알 수 있게 됩니다.

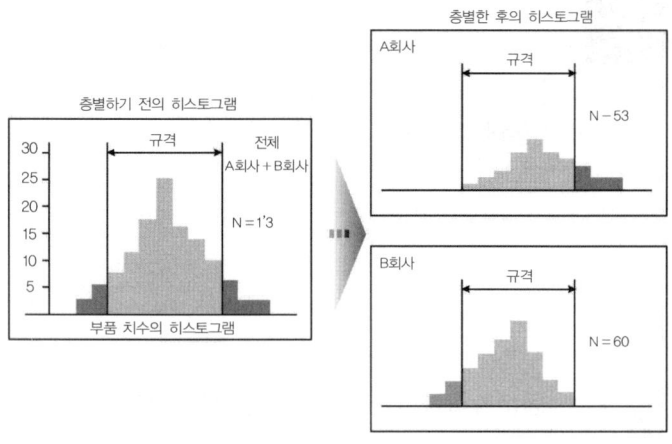

<그림 1> 납품 업체별 층별 사례

다음은 자사 공정에서 발생하고 있는 부적합품(부적합) 개수에 대하여 <그림 2>와 같이 히스토그램을 작성한 결과입니다.

A작업반과 E작업반을 합쳐서 그렸을 때는 로트 중 부적합품이 2개인 경우가 가장 많이 발생하고 있는 것으로 보이나, 이를 A작업반과 B작업반으로 층별하여 히스토그램을 작도한 결과 B작업반은 로트 중 부적합품 개수가 3개 나오는 로트가 가장 많다는 새로운 정보를 알 수 있습니다.

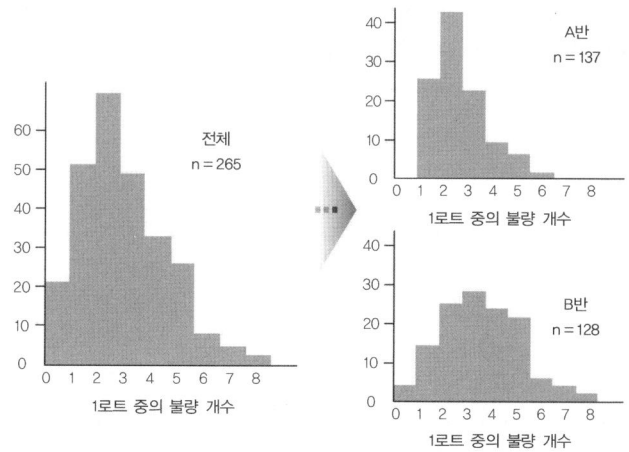

〈그림 2〉 작업반별 층별 사례

이처럼 층별이란 조사하고자 하는 집단에 대하여 알지 못했던 새로운 사실을 제공해 주는 아주 유용한 기법입니다.

Q15 기록용 체크시트의 의미와 사례를 알려 주세요.

A 조사하고자 하는 항목을 주기별로 점검한 결과나 발생 빈도를 조사한 결과를 기록하는 용지를 체크시트라 하며, 이는 데이터의 집계와 정리를 용이하게 해 줍니다.

이 가운데 기록용(조사용)이란 조사하고 싶은 항목의 데이터를 모으기 위해 사용하는 것으로, 검사일지(부적합 항목별), 상품별 매출량 데이터 등을 작성할 때 사용하는 것을 말하며, 그 사례는 다음 〈표〉와 같습니다.

〈표〉 기록용 체크시트 사례

부적합 체크시트		데이터 기간	2013. 2. 10 ~ 2. 16
		근 거 자 료	작업일보
		조 사 자	김창남

항목/일정	2/10	2/11	2/12	2/13	2/14	2/15	2/16	합계
이물	////	//	///	/	//	///	////	19
백점	///	//	//	/	///	//	//	15
얼룩	////	////	7/// ///	7/// ///	////	////	////	36
흑점	/	//	/	///	/	/	/	10
크랙	///	//	////	///	///	//	///	20
휘도	7/// 7///	7/// //	7/// /	7/// //	7/// //	7/// /	7/// //	50
합계	25	19	24	23	20	18	21	150

Q16 점검용 체크시트의 의미와 사례를 알려 주세요.

A 점검용(또는 확인용) 체크시트란 작업 중 확인하지 않으면 안 되는 사항을 기록하기 위해 사용하는 것으로 설비 점검 체크시트, 정리·정돈 체크시트 등이 해당되며, 이에 대한 사례는 다음 〈표〉와 같습니다.

〈표〉 점검용 체크시트 사례

Korea Motor Company	정기 점검 리스트				승 인		개정번호			개정 일자					
사용부서	4WD 차체부		설 비 명		ROBOT SLIP RING			자산번호							
점 검 자	민승식, 유일연				(○: 정상 ×: 이상 C: 조치 R: 재점검)										

순번	점검 항목	점검 방법	판단 기준	점검 시기	점검 주기	2011년		2012년									비고
						11	12	1	2	3	4	5	6	7	8	9	10	
1	WATER COUPLER	육안	누수상태	운	분기	○				○								
2	SIGNAL CONNECTOR	〃	마모상태	휴	〃	○				○								
3	POWER PIN	〃	마모상태	휴	〃	○				○								
4	고정 BRACKET	〃	고정상태 마모상태	휴	〃	R				○								
5	GUIDE PIN	〃	마모상태	휴	〃	○				×								
6	AIR & 냉각 HOSE	〃	파손상태 연결상태	휴	〃	○				○								

Q17 파레토도의 뜻이 무엇이며, 어떻게 작성하는지 설명해 주세요.

A 1887년 이탈리아 경제학자 파레토(Pareto)가 제안한 소득 곡선(소수의 사람이 많은 소득을 가지고 있음)을 주란(Juran) 박사가 부적합 항목으로 대치하여 '파레토도'라고 지칭한 것입니다.

개인 불균등도에 착안하여 부적합에 대한 파레토도를 작성하여 다수 경징 항목(多數經懲項目 : 문제가 적은, 많은 항목)보다도 소수 중점 항목(문제가 큰 소수의 중점 항목)을 택해서 우선적으로 해결하는 것에 도움을 주는 기법으로 작성 방법은 다음과 같습니다.

[순서 1] 조사항을 정하고 데이터를 수집합니다
- 원인별 분류 : 재료, 기계, 작업자, 작업 방법
- 내용별 분류 : 부적합 항목, 부적합 장소, 공정, 시

간대, 손실 금액

[순서 2] 데이터를 정리하여 누적 수를 계산합니다

- 다수 경징 항목은 '기타'로 함께 묶습니다.

[순서 3] 그래프 용지에 가로축과 세로축을 기입하고, 막대그래프를 그립니다

- 큰 데이터부터 왼쪽에서부터 오른쪽으로 나열합니다.
- 막대그래프끼리는 붙입니다.
- '기타' 항목은 데이터 수가 크더라도 마지막에 둡니다.

[순서 4] 누적 곡선을 기입합니다

- 누적 수를 오른쪽 위 모서리에 타점 후 각 타점 간에 선을 연결합니다.

[순서 5] 오른쪽에 세로축을 또 하나 세워 눈금을 기입합니다

- 길이를 5등분하여 20, 40, 60, 80, 100%를 기입합니다.

[순서 6] 추가로 필요한 사항이 있으면 기재합니다.

- 데이터 수집 기간
- 공정명
- 총 데이터 수
- 작성자명

〈그림 1〉은 앞의 순서에 따라 작성한 파레토도 사례입니다.

요즈음은 많은 기업이 통계 패키지를 활용하여 품질 관리 데이터 분석 시 시간 절약과 정확도를 높이고 있습니다. 파레토도에 대한 미니탭 사용 결과를 〈그림 2〉에 제시하오니 참고하시기 바랍니다.

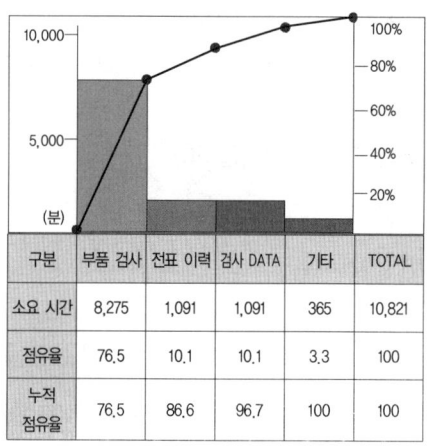

〈그림 1〉 검사 소요 시간 파레토도

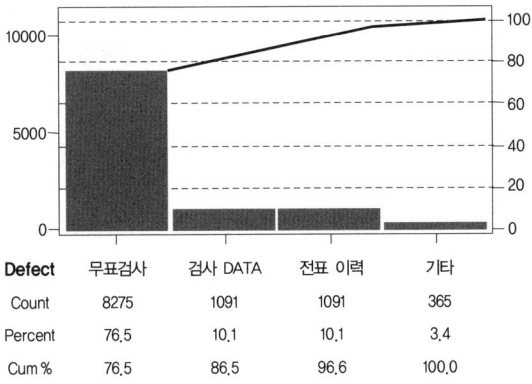

〈그림 2〉 미니탭 사용 결과

Q18 파레토도 작성 시 가로축과 세로축에 많이 사용되는 항목을 알고 싶습니다.

A 파레토도는 각 사람의 소득이 모두 일정할 때와 각 사람의 소득이 모두 다를 때의 누적 소득 곡선 추이를 그려, 소득의 균등화를 위해서는 소득이 많은 소수의 집단을 중점 관리해야 한다는 것을 제안한 것에 착안하여 주란(Juran) 박사가 소득 항목을 부적합 항목으로 대치하여 '파레토도'라고 지칭한 것에서 시작되었습니다.

파레토도를 효율적으로 작성하기 위하여 가로축과 세로축에 적당한 항목을 소개해드리면 다음 〈표〉와 같습니다.

〈표〉 가로축과 세로축에 적당한 항목

가로축에 적당한 항목	세로축에 적당한 항목
① 작업자 : 인별, 계별, 남녀별, 연령별 ② 기계 : 기계별, 지그별, 설비별, 계기별 ③ 재료 : 메이커별, 로트별 ④ 방법 : 압력, 온도별 ⑤ 시간 : 월, 주, 계절, 시간별 ⑥ 현상 : 부적합 항목(증상), 부적합 원인, 결점 내용별	① 품질(Q) : 부적합 건수, 부적합률, 결점 수, 반품 수 ② 가격(C) : 손실 금액, 판매 금액, 인건비 ③ 납기(D) : 납기 지연일 납기 준수율, 리드 타임(lead-time) ④ 안전(S) : 사고 건수, 재해 건수 ⑤ 사기(M) : 출근율, 결근율, 참가율

Q19

파레토도를 그려서 중점 관리 항목을 선정할 때, 누적 점유율이 80% 미만이라도 선정해도 되나요? 70%만 넘으면 되는지 궁금합니다.

A 결론부터 말씀 드리면 '됩니다.'

많은 기업들이 QC 기법을 수단으로 사용하지 못하고 거의 목적으로 사용하다보니 이러한 질문들이 나오는 것 같습니다. 특히 이런 질문은 분임조 대회장에서 더 많이 발생하기도 하죠. 이런 의문은 파레토도의 사용 이유를 정확히 이해한다면 쉽게 풀릴 수가 있습니다.

그럼, 우선 파레토도를 사용하는 이유를 간단히 알아보도록 하지요.

파레토도는 막대그래프를 응용한 것으로 막대그래프가 주지 못하는 다양한 정보를 제공해 주기 때문에 품질 관리 활동에서 유용한 도구로 많이 사용되고 있습니다.

막대그래프는 비교 데이터의 대소·장단 정보만을 제공

해 주지만, 파레토도는 그 이외의 다음과 같은 정보들을 추가적으로 제공해 줍니다.

첫째, 개선 우선 순위를 쉽게 알 수 있게 합니다.

데이터를 크기순으로 좌측에서 우측 방향으로 나열하기 때문에 가장 좌측에 있는 것부터 개선하면 됩니다.

둘째, 각 데이터의 건수, 누적 건수, 점유율, 누적 점유율을 보여 줍니다.

해당 항목의 크기와 이 항목이 전체에서 차지하는 비율을 표시합니다. 이는 누적 데이터도 역시 마찬가지입니다. 즉 어떤 항목이 OO 정도 크기로 OO 정도 비율을 차지하고 있으며, 이를 OO 정도 개선하면 OO 정도의 효과가 있는지를 추정할 수가 있습니다.

셋째, 개선 전과 후의 데이터 비교가 용이합니다.

개선 전과 후의 파레토도를 각각 그려 동시에 비교해 봄으로써 개선 전 어떤 항목들이 개선 후 어떻게 변했는지(크기 변화, 점유율 변화, 순위 변화 등)를 한눈에 알 수가 있습니다.

질문하신 중점 관리 항목이란 파레토도를 창안한 이탈리아 경제학자 파레토(Pareto)가 주장한 '20:80원칙'에서

기인된 것입니다.

'20:80원칙'이란 어떤 집단에서 20%의 항목이 전체 크기의 80%를 점유한다는 이론입니다. 반대로 소수의 80% 항목이 전체 크기의 20%만을 점유한다는 의미가 되는 것이지요. 이 뜻은 소수의 항목만을 개선함으로써 노력은 반감이 되고 효과는 2배가 될 수 있다는 의미가 됩니다.

여기서 80%를 점유하고 있는 소수 항목을 '중점 관리 항목'이라고 합니다. 하지만 이것은 대체적인 비율이지 꼭 80%가 된다는 의미는 아닌 것입니다. 그 비율이 60%, 70% 또는 90%도 될 수가 있다는 것이지요.

단지, 우리들이 알아야 할 사항은 소수의 항목이 다른 항목들에 비해 점유율이 높다는 원리를 이해하고, 어떤 것을 개선하고자 할 때에 소수의 항목(중점 관리 항목)을 먼저 개선해야 한다는 사고를 이해하는 것이 매우 중요합니다.

Q20
파레토도의 꺾은선그래프 중심점이 막대그래프의 어느 위치에 있어야 올바른지 알고 싶습니다.

A 꺾은선그래프는 파레토도에서 누적 곡선이라고 합니다. 이 누적 곡선의 점은 막대그래프의 우측 상단 모서리에 위치해야 합니다.

이를 그림으로 보여드리면 다음 〈그림〉과 같습니다.

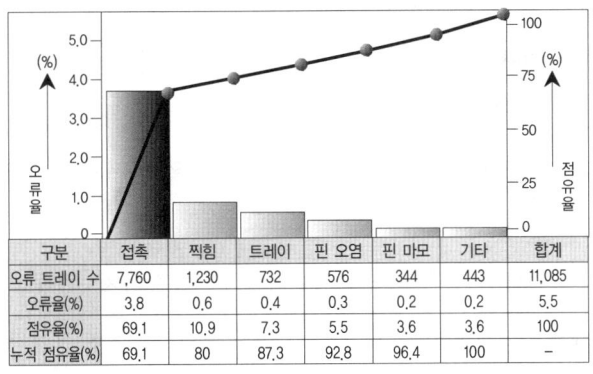

〈그림〉 파레토도 작성 예

Q21 특성요인도를 작성할 때 '왜?'라는 말을 3번 이상 하라는 이유는 무엇입니까?

A 특성요인도란 어떤 문제점에 대한 요인을 찾아내는데 주로 쓰이고 있습니다. 때문에 어떤 문제에 대하여 '왜?'란 질문을 던짐으로서 평소에 무심코 지나쳤던 문제에 대하여 다시 한 번 생각해 봄으로써 진정한 원인을 찾아내는데 효과가 있습니다.

어떤 문제가 있을 때 '왜?'를 물어 요인을 찾아보고, 그 요인에 대하여 다시 '왜?'를 물어 요인을 찾아보고, 또 다시 그 요인에 대하여 '왜?'를 물어 요인을 찾아보는 과정을 반복하는 것입니다.

그러다보면 본인도 모르는 사이에 생각하지 못했던 세부 요인이 밝혀지게 됩니다. 일반적으로 문제 해결을 위해서는 5번 정도는 '왜?'를 외쳐야 한다는 의미에서 특성요인도를 '5Why?' 기법이라고도 합니다.

예를 들어 현장에서 문제 해결이 안 되는 것에 대하여 '왜?'를 외치며 특성요인도를 작성하면 다음 〈그림〉과 같습니다.

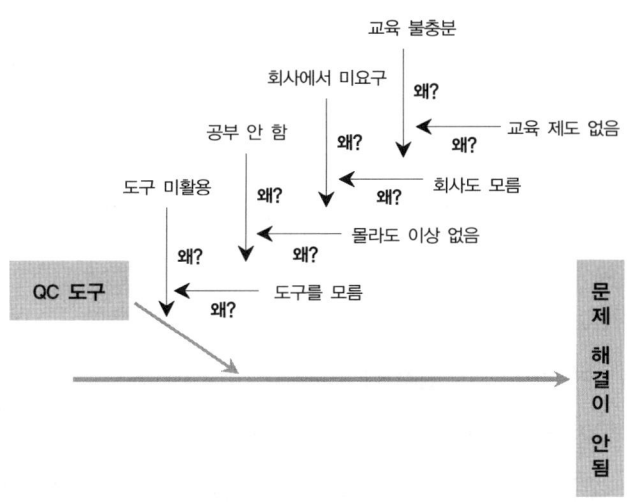

〈그림〉 특성요인도 작성 예

Q22

특성요인도를 작성할 때 보통 4M을 이용하는데, 분임조 발표 문집을 보면 3M, 2M을 이용하는 경우를 많이 보았습니다. 3M, 2M을 사용해도 정확한 원인 분석이 될 수 있는지요?

A 특성요인도(fish-bone diagram, 魚骨圖)란 어떤 문제점에 대한 요인들을 찾아내기 위하여 사용하는데, 일반적으로 4M(Man, Machine, Material, Method)을 권장하는 이유는 대부분의 작업 공정이 4M을 통하여 관리되고 있기 때문입니다. 즉 4M을 잘 관리하면 품질이 좋아지고, 반대로 4M의 산포가 심하면 나쁜 품질의 제품이 만들어집니다. 그러나 이것은 일반적인 원칙이지 절대적인 원칙은 아닙니다.

분임조원 간에 브레인스토밍을 통하여 요인을 분석해 보았는데 문제 발생의 원인이 작업자와 설비(2M) 또는 작업자, 설비, 작업 방법(3M) 등에서만 요인이 있다고 결론이 날 경우가 있습니다. 이럴 경우에는 굳이 4M이 모두 원인이라고 굳이 생각할 필요가 없습니다. 특히 사무 부문에서는 4M보다는 정보 시스템, 비용, 업무 분장, 교육훈련 등이 큰 원인으로 나타나는 경우가 많습니다.

결론적으로 4M을 기본으로 원인 분석을 실시하는 것이 좋으나, 분임조원들 간의 토의를 통하여 4M 이외의 요소가 요인으로 귀결되었을 때는 그것을 그대로 사용하는 것이 더욱 바람직한 원인 분석 방법이란 것입니다.

Q23 특성요인도에서 일반적으로 4M을 사용하는데 3M이나 5M은 안 되는지요?

A 원인 분석 시 특성요인도를 많이 활용하고 있으며, 특성요인도의 큰 뼈(1차 원인)를 구분할 때에 주로 4M(Man, Material, Machine, Method)을 사용하고 있습니다. 4M을 사용하는 이유는 공정에서 산포를 일으킬 수 있는 원인이 작업자, 원재료, 제조 설비, 작업 방법의 4가지 요소에 기인되기 때문에 이를 많이 사용하는 것이지 절대적인 사용 기준은 아닙니다.

만약 사무 부문에서 어떤 문제 발생에 대하여 원인을 분석한다면 제조 설비나 원재료 같은 사항은 필요가 없는 항목이 될 수 있습니다. 4M이란 주로 제조 공정에서 제품 부적합 발생에 대한 원인을 분석할 때에 주로 효과가 있기 때문에 많이 사용하는 것이며, 문제점이 무엇이냐에 따라 분임조원 여러분께서 자유롭게 응용하셔도 관계가 없습니다. 5M은 어떤 결과에 계측기의 측정 방법(Measurement)이 영향을 많이 미칠 경우에 추가하여 분석하기도 합니다.

Q24 원인 분석 시 사용되는 기법과, 또 이 기법들의 공통점과 다른 점을 알고 싶습니다.

A 특성요인도와 연관도가 대표적으로 사용되고 있습니다. 주로 원인과 결과 관계가 명확할 경우 특성요인도를 사용하는 것이 적당하며, 인과 관계가 복잡할 경우에는 연관도를 사용하는 것이 바람직합니다.

이 2가지 기법에 대한 같은 점과 다른 점을 비교해 보면 다음 〈표〉와 같습니다.

또한 원인 분석 기법이 이 2가지만 있는 것은 아닙니다.

실험 계획법, 상관 분석, 회귀 분석 기법 등도 사용할 수 있으나, 이는 정량화된 원인 변수와 결과 변수 간의 분석에만 사용할 수 있으며, 현장 소집단 활동에서 활용하기에는 이론이나 실무적으로 많은 노력이 필요합니다.

〈표〉 특성요인도와 연관도의 관계

구 분			특성요인도	연관도
같은 점	사용 목적	원인추구형	결과와 원인과의 관계를 파악한다.	
		대책수립형	목적과 수단과의 관계를 파악한다.	
	작성 방법		요인(원인)과 결과(특성치) 간의 관계를 브레인스토밍 방법을 활용하여 정리한다.	
다른 점	원인 간의 상호 관련성		파악 불가	파악 가능
	원인의 중요도		구분 안 됨	화살표 연결 상태를 보고 파악
	결과(특성치)		한 개만 가능	두 개 이상도 가능

Q25 히스토그램이 무엇인가요?

A 히스토그램[柱狀圖]은 프랑스 학자 게리(A. M. Guerry)가 범법자의 나이가 어떻게 범죄에 영향을 미치는지를 연구하면서 처음으로 그렸다고 합니다. 단순히 막대그래프를 이용해 범죄 발생 건수를 비교하기 보다는, 연령을 몇 개의 구간으로 나누어 각 연령대별로 범죄 발생 건수가 어떻게 나타나는지를 그려 보니 나이와 범죄 간의 변화를 쉽게 알 수 있었던 것에서 착안한 것이지요.

이 원리에 따라 품질 관리에서는 우선 수집된 데이터가 존재하는 범위를 몇 개의 구간으로 나눈 후, 각 구간에 해당하는 데이터가 몇 개가 존재하는지 출현 도수를 도수표로 만들고 이 내용을 막대그래프로 그리는 것입니다. 이를 통해 데이터의 평균값과 산포의 모습을 쉽게 파악할 수 있습니다.

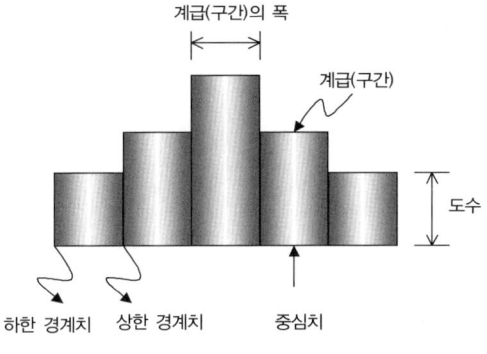

〈그림〉 히스토그램

여기서 히스토그램에 사용되는 용어를 간략하게 설명하면 다음과 같습니다.

- 계급의 폭 : 막대 폭의 크기로 '구간의 크기'라고도 함
- 계급(구간) : 각각의 막대그래프
- 도수 : 해당 계급에 속하는 데이터의 개수(빈도)
- 중심치 : 계급의 중간값으로 '중앙치'라고도 함
- 하한 경계치 : 해당 계급의 최소값
- 상한 경계치 : 해당 계급의 최대값
- 계급의 수 : 기둥의 개수

Q26 산포란 것이 무슨 의미인지 이해가 어렵습니다.

 산포(dispersion)란 각 데이터들의 흩어짐 정도를 말합니다.

모든 공장에서 제품을 생산할 때 항상 동일한 품질을 만들어 내고 싶어 합니다. 하지만 제품 생산 후에 각 제품 간의 품질 특성치를 측정해 보면 조금씩 차이가 나게 마련입니다.

그럼 이런 차이를 어디까지 허용해 줄 것인가를 정해 놓은 것이 바로 제품 규격이지요. 제품(부품) 규격을 보면 기준치±허용차로 되어 있는 것이 바로 허용할 수 있는 산포의 한계를 표시한 것입니다.

산포를 줄이기 위해서는 이를 측정할 수 있는 방법이 있어야겠지요. 그래야 현재 산포의 수준을 알 수가 있고 이를 기준으로 개선 목표를 수립할 수가 있겠죠. 그래서 산포의 크기를 측정하기 위한 변수로 표준 편차(standard deviation)라는 것을 관리하고 있습니다.

표준 편차란 평균치를 기준으로 각 데이터들의 평균 떨어진 정도(거리)라고 생각하면 쉽습니다. 이 거리를 최소화하는 것이 산포를 줄이는 방법이지요.

대개 현장에서 이를 줄이기 위한 수단으로써 작업 표준이란 것을 만들어 사용하고 있는 것입니다. 즉, 작업하는 방법에 대한 기준을 설정하여 누구나 그렇게 작업하게 함으로써 제품의 산포를 줄일 수 있는 유용한 방법인 것입니다.

Q27 히스토그램 작성 시 구간의 폭을 왜 구해야 하는지 궁금합니다.

A 히스토그램이란 데이터가 존재하는 범위를 몇 개 구간으로 나누어, 각 구간에 들어가는 데이터의 출현 도수를 세어 도수표를 만든 다음, 이것을 〈그림〉과 같이 도형화한 것입니다.

히스토그램을 그리려면 첫째, 구간의 개수, 둘째, 구간의 폭(크기), 셋째, 제1 구간 하한 경계치, 넷째, 도수를 알아야 합니다.

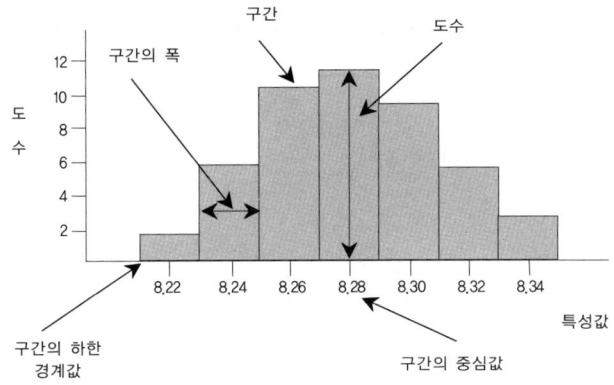

〈그림〉 히스토그램

Q28 히스토그램 작성 방법에 대해 가르쳐 주십시오.

A 히스토그램이란 데이터가 존재하는 범위를 몇 개 구간으로 나누어, 각 구간에 들어가는 데이터의 출현 도수를 세어 도수표를 만든 후 이것을 근거로 막대그래프로 도형화한 것입니다.

이것을 그리면 현재 데이터의 평균값과 산포의 모습을 쉽게 파악할 수 있는 장점이 있습니다.

히스토그램의 작성 방법은 다음과 같습니다.

[순서 1] 데이터를 수집합니다
- 일반적으로 50 ~ 200개 적당

[순서 2] 데이터의 최대치와 최소치를 구합니다
- 수집된 데이터에서 최대치와 최소치를 구합니다.

순서 3 계급(구간)의 수를 정합니다

- 계급의 수 = 데이터 수(단, 소수점은 반올림하여 정수화)
예) 데이터가 100개일 경우
$$계급의\ 수 = \sqrt{100} = 10개$$

순서 4 계급의 폭을 구합니다

$$계급의\ 폭 = \frac{최대치 - 최소치}{계급의\ 수}$$

- 계산 결과 데이터의 소수점 처리는 원시(原始) 데이터(수집된 데이터)의 소수점 단위와 맞춥니다.

순서 5 계급의 경계치를 구합니다

- 제1 구간 하한 경계치 = 최소치 − $\frac{측정(최소)\ 단위}{2}$
- 제1 구간 상한 경계치 = 제1 구간 하한 경계치 + 계급의 폭

순서 6 계급의 중심치를 구합니다

- 중심치 = $\frac{계급\ 하한치 + 계급\ 상한치}{2}$

순서 7 각 데이터의 도수를 기재합니다

- 표기 방법의 예: ////, 正

순서 8 히스토그램을 작성합니다

- 세로축과 제1 구간 하한 경계치는 1계급 정도 칸을 비워 둡니다.
- 데이터 수집 기간, 데이터 수, 공정명 등을 기입합니다.
- 해당 제품의 규격치를 표시해도 좋습니다.

Q29 공정 능력 지수(Cp) 산출 방법이 궁금합니다.

A Cp란 공정 능력 지수(Process Capability Index)로 해당 공정에서 제조하는 능력을 나타내는 지수로서 다음과 같이 산출합니다.

$$Cp = \frac{\text{규격 상한} - \text{규격 하한}}{6\sigma} = \frac{S_U - S_L}{6_s} = \frac{S_U - S_L}{6\sqrt{V}}$$

여기에서 S_U(또는 USL) : 규격 상한

              S_L(또는 LSL) : 규격 하한

              σ : 모표준 편차

              s : 시료 표준 편차

              $\sqrt{V}$: 불편 표준 편차

앞의 공식은 규격 중심치{M=(규격 상한 + 규격 하한) / 2)}와 시료 평균값($\bar{x}$)이 일치할 때 사용할 수 있으며 Cp 값에 따른 공정 능력은 〈표 1〉과 같습니다.

〈표 1〉 공정 능력 지수에 따른 공정 능력 평가

공정 능력 지수(Cp)	양품률(%)	부적합률(ppm)	공정 능력 평가
0.33	68.27	371,300	매우 부족
0.67	95.45	45,500	부족
1.00	99.73	2,700	양호
1.33	99.9937	63	충분
1.67	99.999943	0.57	매우 충분
2.00	99.9999998	0.0002	최고 수준

하지만 일반적으로 생산 현장에서 시료 평균값을 구하면 규격 중심치(Cpk)와 일치하지 않는 경우가 대부분입니다. 이런 경우 치우침(bias)을 고려한 공정 능력 지수(Cpk)를 사용해야 하며 산출 공식은 다음과 같습니다.

$$C_{pk} = (1-k)C_p$$

이때 k는 '치우침도'라고 하며 산출 공식은 다음과 같습니다.

$$k = \frac{|(S_U + S_L)/2 - \bar{x}|}{(S_U - S_L)/2}$$

〈표 2〉 치우침(±1.5σ)을 가정한 공정 능력 평가(6시그마 이론)

공정 능력 지수(Cp)	치우침도(k)	Cpk	부적합률(ppm)
0.33		0.00	–
0.67		0.17	308,538
1.00	1.5σ	0.50	66,810
1.33		0.83	6,387
1.67		1.17	233
2.00		1.50	3.4

이때 치우침 정도가 6σ(시그마) 이론에서와 같이 1.5σ (시료 표준 편차의 1.5배)로 가정한다면 Cp 값에 따른 공정 능력은 〈표 2〉와 같습니다.

예를 들어 전자 기판(PWB)의 폭에 크기 규격이 7.0± 0.5mm일 경우 기판을 샘플링 하여 측정한 결과 폭의 평균($\bar{x}$)이 7.19mm가 나왔으며, 각 기판의 폭에 대한 표준 편차(s)가 0.15mm였다면 Cp와 치우침을 고려한 공정 능력 지수(Cpk)의 값을 구해 보면 다음과 같습니다.

$C_p = S_U - S_L / 6_S = 7.5 - 6.5 / 6 \times 0.15 = 1.11$ 이 되며

치우침도(k)를 구하면

$$k = \frac{|(S_U + S_L)/2 - \bar{x}|}{(S_U - S_L)/2} = \frac{|(7.5 + 6.5)/2 - 7.19|}{(7.5 - 6.5)/2} = 0.38$$

이므로 $C_{pk} = (1-k) \times C_p = (1-0.38) \times 1.11 = 0.69$가 됩니다.

Q30 평면도나 평행도 등에서 규격 상한치만 있을 경우의 공정 능력 분석은 어떻게 하나요?

A 규격 상한치만 있다는 것은 어떤 품질 특성치가 작을수록 좋은 경우에 사용합니다. 값이 작을수록 좋기 때문에 규격 상한(S_U)만 설정하여 관리하면 되는 것이지요. 이러한 경우를 정규 분포와 함께 도식화해 보면 〈그림〉과 같습니다.

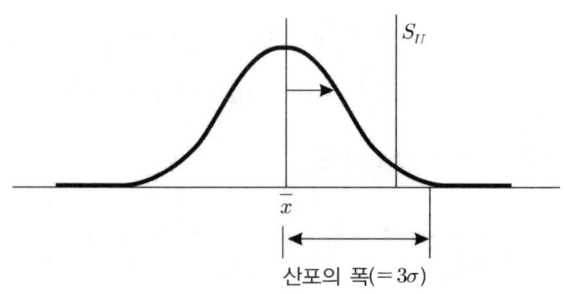

〈**그림**〉 규격 상한만 존재할 경우

이러한 경우에 공정 능력 지수를 산출하는 개념은 규격 폭을 공정 산포의 폭으로 나눈 것이 됩니다. 규격 폭이란 규격 상한(S_U)에서 시료 평균치($\bar{x}$)와의 차이를 말하며, 산포의 폭이란 시료의 표준 편차를 3배한 값이 됩니다.

이를 수식으로 표현하면 다음과 같습니다.

$$Cpk = \frac{S_U - \bar{x}}{3\sigma}$$

Q31 현장에서 Cpk와 Ppk를 사용하고 있으나, 정확히 어떻게 다른지를 알고 싶습니다.

A Cpk와 Ppk 모두 k(치우침도)가 붙었으므로 치우침을 고려한 공정 능력 지수입니다.

Cpk는 공정 능력 지수 산출 시 군내 표준 편차[미니탭에서 StDev(Within)]만을 적용하고, Ppk는 공정 능력 지수 산출시 군간 표준 편차[미니탭에서 StDev(Overall)]까지를 적용하는 것이 차이점입니다.

좀 더 자세히 설명을 드리면

공정 능력 지수 =

$$\frac{규격\ 상한 - 규격\ 하한}{6 \times 표준\ 편차} = \frac{S_U(또는 USL) - S_L(또는 LSL)}{6 \times s}$$

에서 표준 편차(s)적용을 군간편차(변동)을 무시하고 군내 편차(변동)만을 고려하여 산출하는 것을 Cpk라고 하며 이때 표준 편차(s)는 다음과 같이 구합니다.

$$표준\ 편차(s) = \frac{\overline{R_1}}{d_2} \quad d_2는\ 군의\ 개수에\ 따른\ 상수$$

또한 표준 편차(s) 적용을 군간 편차(변동) 및 군내 편차(변동)를 고려하여 수집된 개개의 모든 데이터를 대상으로 산출하는 것을 Ppk라고 하며, 이때 표준 편차(s)는 다음과 같이 구합니다.

$$표준\ 편차(s) = \frac{\sqrt{\Sigma(x_i - \overline{x})^2}}{n-1}$$

마지막으로 앞에서 말씀드린 내용을 종합적으로 다시 한 번 정리해 보면 다음 〈표〉와 같고, 미니탭을 통계 프로그램에서 출력된 Cpk와 Ppk에 대한 사례를 소개해 드리면 다음 〈그림〉과 같습니다.

〈표〉 Cpk와 Ppk의 차이점

구분	제목	영문 표기(미니탭)	산출 방식
Cpk	잠재적 공정 능력 지수	Potential(Within) Capability	공정에서 군간 변동이 제거되었을 때, 공정의 군내 변동만으로 규격 대비 수행 능력을 평가한 지수
Ppk	실제적 공정 능력 지수	Overall Capability	모든 데이터에 대한 변동값으로 규격 대비 수행 능력을 평가한 지수

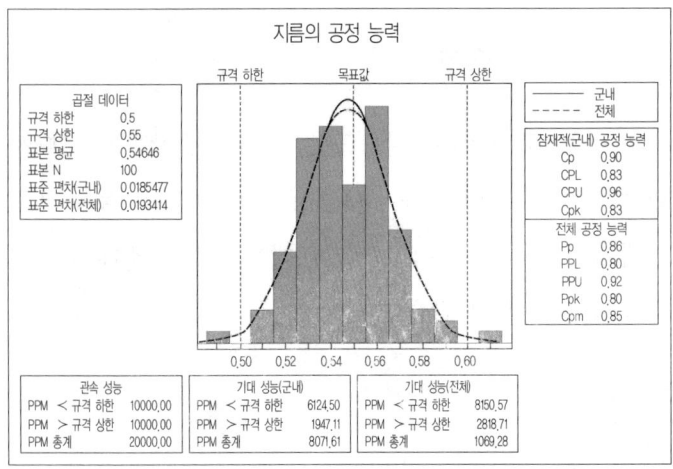

〈그림〉 공정 능력 분석

Q32 정규 분포와 표준 정규 분포가 무엇인지 설명해 주세요.

A 정규 분포(nomal distribution)란 가우스(C.F. Gauss)에 의해 정의된 분포로서 길이·무게·강도·온도와 같은 계량치 데이터에 대한 통계적인 계산에 사용되는 분포 형태이며, 히스토그램, 관리도, 검정·추정, 샘플링검사 등에서 확률에 대한 근사값 계산 시 많이 활용됩니다.

표준 정규 분포(standard nomal distribution)란 분포의 평균값을 '0', 표준 편차를 '1'로 정의한 분포를 말하며, 실제 확률 계산 시는 모두 이 분포를 사용합니다.

분포에 대한 확률(면적)값은 이미 만들어져 있는 '정규 분포표'를 활용합니다.

어떤 공정에서 평균치가 μ, 표준 편차가 'σ'일 경우, 확률에 대한 값을 표시하면 다음 〈그림〉과 같습니다. 또한 $N(\mu, \sigma^2)$는 정규 분포를 의미하며, $N(0, 1^2)$은 표준 정규 분포를 의미합니다.

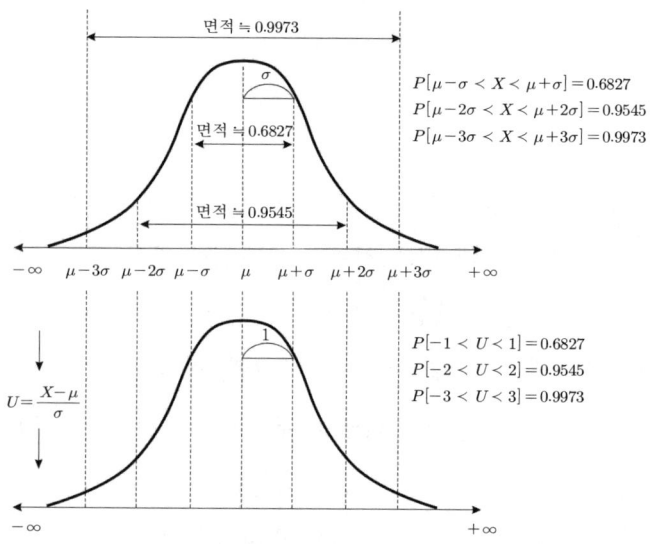

〈그림〉 정규 분포와 표준 정규 분포

Q33 공정 능력 지수가 좋아지면 금액적으로 얼마나 이익이 되는지 알 수 있나요?

A 예, 알 수 있습니다.

공정 능력 지수란 기본적으로 규격 폭 대비 공정 변동을 비교하는 것으로 그 산출 식을 풀이해 보면 규격 상한(USL : Upper Specification Limit)과 규격 하한(LSL : Lower Specification Limit)의 차이인 규격 폭에 대비하여 일반적인 공정 변동 폭인 표준 편차의 6배를 나눈 값입니다. 따라서 공정 변동이 커질수록 부적합률(부적합품률)은 많아지게 되며, 이때 공정 지수는 작아지는 원리가 됩니다.

반대로 공정 능력 지수가 커지기 위해서는 공정 변동이 당연히 작아져야 하겠지요. 공정 변동을 적어지게 하기 위해서는 결과적으로 공정의 산포를 일으키는 원천 요소인

4M을 잘 관리해야 하는 것입니다. 공정 변동이 적어지면 부적합률도 적어지게 되며 공정 능력 지수도 증가하게 됩니다. 즉 공정 능력 지수라는 것은 공정의 부적합률이 어떠한가를 측정하기 위한 수단으로 기업의 수익과도 많은 관계가 있을 수밖에 없습니다.

부적합이 적어지면 생산 원가가 적어지고 생산 원가의 절감은 결과적으로 제품당 이익률을 증가시키기 때문에 기업의 수익이 상승하는 효과를 가져오게 되지요. 그러면 공정 능력 지수와 부적합률은 어떠한 관계가 있는지를 비교해 보면 다음 〈표〉와 같습니다.

그럼 공정 능력 지수 상승에 따라 회사에 얼마만큼의 이

〈표〉 공정 능력 지수에 따른 공정 능력 평가

공정 능력 지수(Cp)	양품률(%)	부적합률(ppm)	공정 능력 평가
0.33	68.27	317,300	매우 부족
0.67	95.45	45,500	부족
1.00	99.73	2,700	보통
1.33	99.9937	63	우수
1.67	99.999943	0.57	매우 우수
2.00	99.9999998	0.002	최고 수준

※ 치우침이 없을 경우

익이 창출되는지를 알아보기 위해서는 부적합률 감소에 따라 얼마만큼의 이이이 추가로 창출되는 지를 알아보면 되겠지요.

여기서는 부적합률 감소에 따른 연간 원가 절감 정도를 간략하게 2가지로만 구분하여 살펴보겠습니다.

첫째, 부적합품(부적합품)을 버려야 할 경우 원가 절감액

- 월 평균 생산량 × [〈개선 전 부적합률(%) − 개선 후 부적합률(%)〉 ÷ 100] × 생산 단가 × 연간(12개월)

둘째, 부적합품을 재작업해야 할 경우 원가 절감액

- 월 평균 생산량 × [〈개선 전 부적합률(%) − 개선 후 부적합률(%)〉 ÷ 100] × 부적합품 재작업 시간 × 1인당 평균 인건비(시간당 임률) × 연간(12개월)

Q34 산점도의 의미와 작도법을 알고 싶습니다.

A 산점도(scatter diagram)란 대응하는 2종류의 데이터를 가로축과 세로축에 잡아 타점하여 작성한 그림으로 예를 들어 물의 양과 시멘트 강도, 사출 온도와 강도, 염색 온도와 불균염, 작업장 조명과 부적합률, 키와 몸무게 등의 관계를 시험을 통하여 결과치를 타점한 그림입니다.

우선 산점도 작성 방법에 대하여 설명 드리겠습니다.

[순서 1] 대응하는 데이터를 수집합니다

• 최소 30조 이상을 모으는 것이 바람직합니다.

[순서 2] 데이터 x, y 각각의 최대치와 최소치를 구합니다

[순서 3] 가로축과 세로축을 만듭니다

가로축(원인, 요인), 세로축(결과, 특성)의 눈금을 매깁니다(가로축과 세로축의 길이는 되도록 같게 합니다).

[순서 4] 데이터를 타점합니다

- x, y값에 의한 타점을 '•' 표시로 한 후 같은 데이터가 2개일 경우 '⊙', 3개일 경우 '◎'로 표시합니다.

[순서 5] 필요 사항을 기입합니다

- 공정명, 데이터 수, 제품명, 수집 기간, 작성 일자, 작성자 등을 기입합니다.

Q35 산점도의 상관 관계 유형에 어떤 종류가 있는지 알고 싶습니다.

 산점도를 작성하였을 경우 일반적인 유형은 다음 〈그림〉과 같습니다.

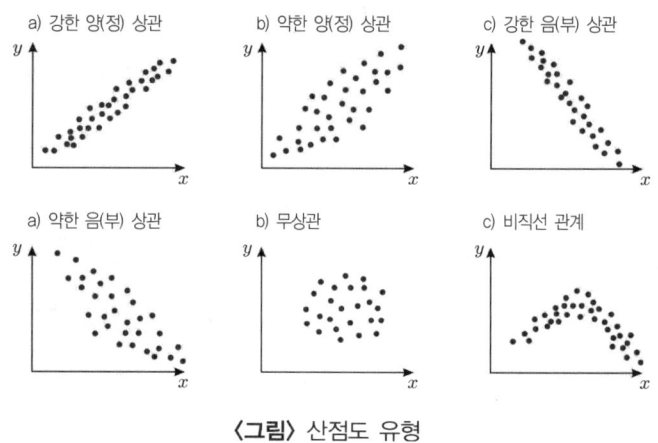

〈그림〉 산점도 유형

Q36 산점도를 보고 상관성을 판독하는 방법을 알고 싶습니다.

A 작도된 산점도 유형을 보고서도 x와 y 간의 상관 관계 여부를 판단할 수 있으나 명확하지는 않습니다. 왜냐하면 보는 사람의 주관에 따라 상관 관계가 있다고 보는 사람이 있는가 하면, 상관 관계가 없다고 얘기할 수도 있기 때문입니다. 좀 더 명확한 판단을 위해서는 부호 검정표에 의한 판정과 상관 계수에 의한 판정 2가지가 있습니다.

우선 부호 검정표를 사용하여 상관성을 판단하는 방법은 다음 〈그림〉과 같습니다.

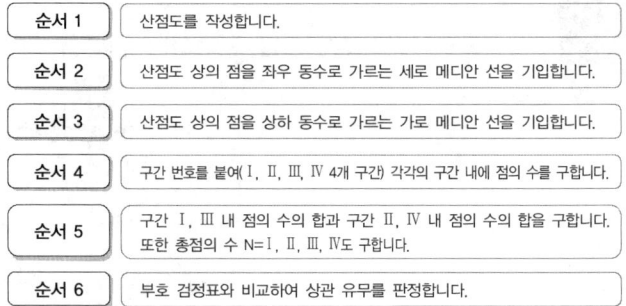

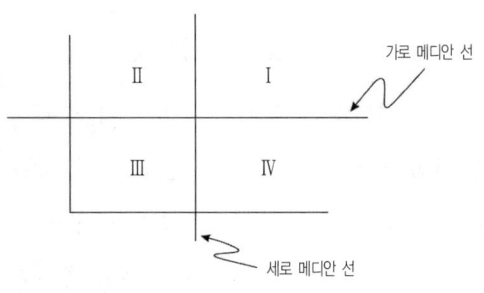

〈그림〉 상관성 판단 방법

양(정) 상관의 경우에는 Ⅱ, Ⅳ분면의 점의 수를 음(부) 상관일 경우 Ⅰ, Ⅲ분면의 점의 수를 다음 〈표〉의 부호 검정표를 보고 판정하면 됩니다.

예를 들어 양(정) 상관의 그림일 경우 50개 타점을 하였을 때 Ⅱ, Ⅳ분면의 점의 수가 15개 이하이면 강한 양(정)

〈표〉 부호 검정표

N	0.01	0.05	N	0.01	0.05	N	0.01	0.05	N	0.01	0.05
8	0	0	31	7	9	54	17	19	77	26	29
9	0	1	32	8	9	55	17	19	78	27	29
10	0	1	33	8	10	56	17	20	79	27	30
11	0	1	34	9	10	57	18	20	80	28	30
12	1	2	35	9	11	58	18	21	81	28	31
13	1	2	36	9	11	59	19	21	82	28	31
14	1	2	37	10	12	60	19	21	83	29	32
15	2	3	38	10	12	61	20	22	84	29	32
16	2	3	39	11	12	62	20	22	85	30	32
17	2	4	40	11	13	63	20	23	86	30	33
18	3	4	41	11	13	64	21	23	87	31	33
19	3	4	42	12	14	65	21	24	88	31	34
20	3	5	43	12	14	66	22	24	89	31	34
21	4	5	44	13	15	67	22	25	90	32	35
22	4	5	45	13	15	68	22	25			
23	4	6	46	13	15	69	23	25			
24	5	6	47	14	16	70	23	26			
25	5	7	48	14	16	71	24	26			
26	6	7	49	15	17	72	24	27			
27	6	7	50	15	17	73	25	27			
28	6	8	51	15	18	74	25	28			
29	7	8	52	16	18	75	25	28			
30	7	9	53	16	18	76	26	28			

※ N = 산점도 내의 점의 총수 0.01, 0.05 = 유의 수준(α)

상관 관계이고, 17개 이하이면 약한 양(정) 상관 관계입니다. 만약 점의 수가 18개 이상이라면 무상관이라고 판정하는 것입니다.

다음 방법으로는 상관 계수에 의한 판정 방법이 있습니다. 두 확률 변수 사이의 관련성을 자료를 이용하여 연구하는 분석 방법을 상관 분석이라 하며, 두 확률 변수 x와 y 간의 선형 관계를 별도 공식에 의거하여 상관 계수를 구한 후 다음과 같이 판정하는 것입니다.

상관 계수(r)에 대한 성질을 요약하면 다음과 같습니다.

- 항상 $-1 \leq r \leq 1$
- $r > 0$이면 양의 상관 관계, $r < 0$이면 음의 상관 관계
- $|r|$이 1에 가까울수록 강한 상관 관계

  $|r|$이 0에 가까울수록 약한 상관 관계
- 시료의 크기가 대략 30개 정도일 때

  ① $|r| > 0.7$이면 강한 상관 관계

  ② $0.4 \leq |r| \leq 0.7$이면 약한 상관 관계

  ③ $|r| < 0.4$이면 상관 관계가 거의 없다고 판정합니다.

상관 계수에 의한 판정은 통계 프로그램(미니탭)이 있을 경우에는 손쉽게 사용이 가능하나 없을 경우에는 계산 공식이 다소 복잡하므로 앞 〈표〉의 부호 검정표를 활용하기를 권장 드립니다.

Q37 3시그마 관리 한계란 무엇입니까?

A 3시그마(σ) 관리 한계란 1924년 벨연구소(Bell Telephone Laboratories)에 근무하고 있던 슈하르트(W.A.Shewhart) 박사가 창안한 관리도(control chart) 이론에서 공정의 산포가 우연 원인(chance cause)에 의한 것인지 이상 원인(assignable cause)에 의한 것인지를 관리 한계(CL : Control Limit)를 기준으로 판단하는 것입니다.

어떤 품질 특성치의 평균값을 기준으로 상·하 표준 편차의 3배되는 거리에 〈그림〉과 같이 관리 상한(UCL)과 관리 하한(LCL)를 지정하여, 이를 넘어갔을 경우에 공정에 이상 원인이 발생하였다고 판단을 합니다.

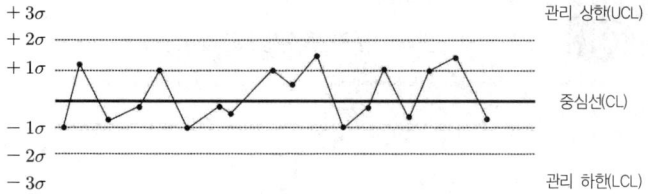

〈그림〉 3시그마 관리 한계

이를 좀 더 통계적으로 이야기하면 정규 분포(normal distribution) 이론에서 어떤 모집단에서 채취한 데이터 값이 ±3σ 내에 존재할 확률은 99.73%이며, ±3σ 밖에 존재할 확률은 0.27%이기 때문에 ±3σ 밖에 존재하는 데이터는 모집단의 평균값이 이동했다고 판정하는 것입니다.

물론 이렇게 판정했을 때 잘못 판단할 확률[통계학에서 이를 유의 수준(α)이라고 지칭함]은 0.27% 존재하는 것입니다.

Q38 개선 활동 사후 관리 시 관리도를 이용하는데요, 관리도의 종류와 용도, 차이점에 대해 자세하게 알고 싶습니다.

A 관리도의 종류는 여러 가지가 있으나, 각각의 사용 용도가 있으므로 관리도의 특징을 살펴보고 가장 적절한 관리도를 선택하여 사용하는 것이 좋습니다.

각 관리도의 차이점을 간략하게 정리해 보면 다음 〈표〉와 같으며, 각 관리도별 작성 방법이나 평가 방법 등에 대한 자세한 사항은 관련 서적을 참고하시기 바랍니다.

또한 관리도를 실무 적용 시는 요즘 많은 통계 패키지가 보급되어 있으므로 이를 활용하시기 바랍니다.

〈표〉 관리도 종류 및 사용 용도

NO	구분	관리도 종류	사용 용도
1	계량치 관리도	$\bar{x} - R$ (엑스바알)	공정에서 채취한 시료의 길이, 무게, 시간, 인장 강도 등 계량치의 데이터에 대해서 $\bar{x}$와 R을 사용하여 공정을 관리하는 관리도로서, 가장 대표적인 관리도
2		$x - R$ (엑스알)	군 구분을 하여 $\bar{x}-R$ 관리도를 적용해도 관리가 되지만, 보아 넘기기 어려운 원인을 재빨리 발견하여 제거하려고 할 경우에는 이 관리도를 사용하여 개개의 데이터를 관리하고 싶을 때 사용한다. 이 관리도에 $\bar{x}-R$ 관리도를 병용하면 유익한 정보를 얻는 경우가 많다.
3		$x - R_s$ 관리도 (엑스알) 또는 $I = MR$ 관리도 (아이엠알)	• 1로트 또는 1배치로부터 1개의 측정치 밖에 얻을 수 없을 때 • 정해진 공정(로트)의 내부가 균일하여 많은 측정치를 얻어도 의미가 없을 때 • 측정치를 얻는데 기간이나 경비가 많이 들어 정해진 공정으로부터 현실적으로 1개의 측정치 밖에 얻을 수 없을 때 사용한다.
4		$\tilde{x} - R$ (엑스메디안알)	평균값 $\bar{x}$를 계산하는 시간과 노력을 줄이기 위해서 $\bar{x}$ 대신에 엑스메디안(median 중앙치)을 사용할 경우에 쓴다.

NO	구분	관리도 종류	사용 용도
5	계수치 관리도	pn 관리도	공정을 부적합개수(pn)에 의거 관리할 경우에 사용하며, 이 경우 항상 검사 시료 크기는 일정하지 않으면 안 된다.
6		p 관리도	공정을 부적합품률(p)에 의거 관리할 경우에 사용하며 작성 방법은 pn 관리도와 거의 같으나, 다만 관리 한계의 계산식이 약간 다르며, 시료의 크기(n)가 다를 때에는 n에 따라 관리 한계(UCL, LCL) 폭이 변하는 게 특징이다.
7		c 관리도	어느 일정 단위 중에 나타나는 흠의 수, 라디오 한 대 중에 납땜 부적합 개수 등과 같이 미리 정해진 일정 단위 중에 포함된 결점 수를 취급할 때 사용한다.
8		u 관리도	직물의 얼룩, 에나멜 동선의 핀홀 등과 같은 결점 수를 취급할 때, 검사하는 시료의 면적이나 길이 등이 일정하지 않은 경우에 사용하여 p 관리도와 같이 관리 한계가 변하는 게 특징이다.

Q39 $\bar{x}-R$ 관리도의 작도법을 알고 싶습니다.

A $\bar{x}-R$ 관리도는 공정에서 채취한 시료의 길이, 무게, 시간, 인장 강도 등 계량치의 데이터에 대해서 $\bar{x}$(평균)와 R(범위)을 사용하여 공정을 관리하는 관리도로서, 가장 대표적인 관리도 입니다. 작성 순서는 다음과 같습니다.

순서 1 데이터 채취

관리하고 싶은 품질 특성치를 정해진 주기로 수집합니다. 일반적으로 1일 4~5의 데이터를 수집(군)하여 한 달(20~25군) 정도를 실시합니다. 이 데이터를 자료 표에 기입합니다.

순서 2 $\bar{x}$의 계산

각 시료군마다 시료의 평균값 $\bar{x}$를 계산합니다. 이것을 일반식으로 나타내면 다음과 같습니다.

$$\bar{x} = \frac{x_1 + x_2 + \cdots\cdots + x_n}{n}$$

x_1: 첫 번째의 측정치
x_2: 두 번째의 측정치
x_n: n번째의 측정치
n : 시료(군)의 크기

순서 3 R의 계산

각 시료군에 대하여 범위 R, 즉 시료군 중의 가장 큰 측정치와 가장 작은 측정치와의 차를 계산합니다.

이것을 일반식으로 나타내면,

$$R = (x_i 의 최대치) - (x_i 의 최소치)$$

순서 4 관리도 용지의 준비

모눈종이 또는 적당한 용지를 준비하여 왼쪽에 $\bar{x}$와 R을 세로로 눈금을 매기고, 아래쪽에는 가로로 시료군의 번호를 매깁니다. 또 관리도 용지에는 데이터의 이력 사항·자료 표와의 관계 등을 기입하고, 그 밖에 원인 탐구와 공정에 대한 조처 사항 등을 기입하는 난을 설정합니다.

순서 5 점의 기입

관리도 용지에 '순서 2'와 '순서3'에서 구한 $\bar{x}$와 R의 값을 표시하는 점을 각각 타점합니다.

순서 6 관리선의 계산

관리도 용지에 $\bar{x}$, R을 각각 약 20~50개의 점을 찍었으면 그때까지의 데이터에 대하여 관리선으로서 중심선과 관리 상한(UCL), 관리 하한(LCL)을 계산합니다.

$\bar{x}$ 관리도의 중심선으로는 $\bar{x}$의 평균 $\bar{\bar{x}}$ (x_i의 총평균)를 계산합니다.

R 관리도의 중심선으로는 R의 평균 $\bar{R}$를 계산합니다.

이것을 일반식으로 나타내면,

$$\bar{\bar{x}} = \Sigma\bar{x} / k \qquad \Sigma\bar{x} : 시료군의\ 평균치(\bar{x})의\ 합계$$
$$k : 시료군의\ 수$$
$$\bar{R} = \Sigma R / k \qquad \Sigma R : 범위의\ 합계$$

k : 시료군의 수

$\bar{x}$ 관리도의 관리 한계는 다음 공식으로 계산합니다.

$$\text{관리 상한 UCL} = \bar{\bar{x}} + A2\bar{R}$$
$$\text{관리 하한 LCL} = \bar{\bar{x}} - A2\bar{R}$$

여기서 $A2$는 시료군의 크기 n에 따라 정해지는 값으로, 별도로 정해진 '부표'에서 별도로 구합니다.

R 관리도의 관리 한계는 다음 공식으로 계산합니다.

$$\text{관리 상한 UCL} = D4\bar{R}$$
$$\text{관리 하한 LCL} = D3\bar{R}$$

여기서 $D3$, $D4$는 시료군의 크기 n에 따라 정해지는 값으로, 별도로 정해진 '부표'에서 별도로 구합니다.

특히 n이 6 이하인 경우에는 R 관리도의 LCL은 0 이하의 값이 되므로 고려하지 않아도 좋습니다.

순서 7 관리선의 기입

$\bar{x}$ 관리도에 $\bar{\bar{x}}$의 값을 실선으로 기입합니다.

UCL과 LCL의 값을 각각 점선으로 기입합니다.

R 관리도에 $\overline{R}$의 값을 실선으로 기입합니다.

UCL과 LCL의 값을 각각 점선으로 기입합니다.

순서 8 관리 상태에 있는가를 조사합니다

기입한 점이 전부 관리 한계 안에 있으면 그 데이터를 채취한 제조 공정은 관리 상태(또는 안정 상태)에 있다고 생각해도 좋습니다.

관리 한계 밖으로 벗어나는 점이 있으면 보아 넘기기 어려운 원인이 있으므로 그 원인을 조사합니다.

점이 관리 한계선 위에 있는 경우도 밖에 벗어난 것으로 봅니다.

Q40 $\bar{x}-R$ 관리도 작성 시 UCL = $\bar{\bar{x}}+A_2\bar{R}$ 공식과 UCL = $D_4\bar{R}$ 공식으로 계산 시 A_2 및 D_4는 계수표에 의하여 구한다고 들었습니다. 그 규격은 어느 표준에 나오는지 KS 번호를 정확히 알려 주시면 감사하겠습니다.

A 한국산업표준 KS A ISO 8258(슈하트관리도, 제정 1963년 5월 13일, 최종 개정 2009년 1월 2일, KS A 3021 폐지 후 대체)에 보시면 상세하게 나와 있으니, 참고하시기 바랍니다.

Q41

윤활유 제조 업체인데 생산 제품이 다양해 어떤 제품은 한 달에 한 번도 생산하지 않을 수도 있습니다. 그런데 KS 정기 심사 시 관리도를 못그려 항상 지적을 받고 있습니다. 어떻게 해결해야 할까요?

A 관리도는 제품 생산 과정에 있어서 공정의 안정 상태를 파악하는데 많이 활용되는 도구입니다.

대부분 1일 1개 군을 형성하여 작도 시 한 달 정도를 그려 보면 공정의 관리 상태를 대부분 파악할 수가 있습니다.

그러나 귀사의 경우는 한 달을 그려도 타점이 몇 개 나오질 않으니 고민이군요.

정확히 귀사의 제품 특성과 생산 형태를 파악해 보지는 못했지만 몇 가지 제언을 드리면 다음과 같습니다.

첫째, 어느 달 하루라도 생산이 있는 날 시간대별로 나누어(시간 단위로 군을 형성) 관리도를 그려 봅니다. 관리도는 시간(시간이란 의미는 광의적인 해석으로 시간, 오전, 오후, 일자 등이 될 수 있음) 변화에 따라 관리되고 있는 품질 특성치를 타점하여 공정의 이상 원인에 의한 변동과 우연 원인에 의한 변동을 통계적(평균치를 기준으로 표준 편차의 ±3배)으로 해석하는 것입니다. 하지만 데이터가 너무 적을 경우에는 해석의 의미가 없으니 최소한 20개 이상의 타점이 형성되어야 합니다.

둘째, 유사한 제품군을 모두 묶어 관리도를 그립니다.

동일한 제품을 기준으로 해야 정확하지만 제품이 일부 사양만 다르고 전체적인 품질 특성치가 같다고 하면 동일한 제품으로 간주하여 관리도를 작성해 보아도 무방합니다.

예를 들어 윤활유는 동점도, 비중, 인화점 등을 대상으로 공정의 측정값이 어떻게 변화하는지를 살펴봄으로써 공정의 조치를 취할 수가 있습니다.

아마 이 두 가지 중 어느 한 가지를 택하여 실행해 보면 공정의 데이터도 관리되고, KS 정기 심사 시에도 귀사의 사정을 고려해 볼 때 큰 지적은 나오지 않을 것으로 판단됩니다.

Q42 관리도에서 계량치와 계수치 적용 방법을 정리해 주세요.

A 우선 계량치 데이터와 계수치 데이터에 대해 정의를 명확히 해야 할 것 같군요

계량치는 연속량으로 측정되는 품질 특성의 수치로서, 길이, 무게, 인장 강도, 온도 등이 여기에 해당하며, 계수치는 불연속량으로 측정되는 품질 특성의 수치로서, 부적합 수, 결점 수 등이 여기에 해당합니다.

계량치와 계수치에 관련된 관리도 종류를 나열하면 다음과 같습니다.

① $\bar{x} - R$ (평균값과 범위의) 관리도
② $x - R$ (개개의 측정값의) 관리도 ┠▶ 계량치에 사용
③ $\tilde{x} - R$ (메디안과 범위의) 관리도

④ pn(부적합 개수의) 관리도 ─┐
⑤ p(부적합품률의) 관리도   ├──▶ 계수치에
⑥ c(부적합 수의) 관리도   │   사용
⑦ u(단위당 부적합 수의) 관리도 ─┘

Q43
데이터의 수가 적을 때 $x-R$ 관리도를 사용한 예를 보았는데, 최소한 몇 개의 데이터가 필요하며, 어느 때 사용해야 적절한지 알고 싶습니다.

A $x-R$ 관리도란 현장에서 관리도 작성을 위한 시료를 채취할 때 시료가 1개 밖에 채취할 수 없는 경우에 사용하는 관리도입니다. 따라서 군내 산포(범위: R)을 이동 범위(Rs : shift range)를 사용하여 전날의 데이터 값과 당일 채취한 시료의 데이터 값의 차이를 구하여 이동 범위(Shift Range)를 구합니다.

참고적으로 x와 R의 관리 한계를 구하는 공식은 다음 〈표〉와 같습니다.

〈표〉 x와 R의 관리 한계 산출식

구 분		관리 한계
x	UCL(관리 상한)	$x+2.66R$
	LCL(관리 하한)	$x-2.66R$
R	UCL(관리 상한)	$3.27R$
	LCL(관리 하한)	-

Q44 c 관리도와 u 관리도의 사용법을 정확히 알고 싶습니다.

A 관리도는 크게 계량치(길이, 무게, 강도, 온도) 관리도 및 계수치 관리도로 구분하며, c 관리도와 u 관리도는 계수치(부적합 수, 흠의 수) 관리도에 속합니다. c 관리도와 u 관리도의 사용법은 다음과 같습니다.

구 분		c 관리도	u 관리도	사용 예
적용 대상		검사 단위(크기)가 불균일한 검사의 결점 수 관리	검사 단위(크기)가 균일한 검사의 결점 수 관리	• 차량의 외관 흠 검사 • 제직한 면직물의 외관 검사 • 냉장고 외관 검사
관리 한계	UCL	$\bar{c} + 3\sqrt{\bar{c}}$	$\bar{u} + 3\sqrt{\bar{u}/n}$	
	CL	$\bar{c}$	$\bar{u}$	
	LCL	$\bar{c} + 3\sqrt{\bar{c}}$	$\bar{u} - 3\sqrt{\bar{u}/n}$	

Q45　c 관리도 용도 및 작성법을 알려 주세요.

A　　c 관리도는 검사 단위(개수)가 항상 일정할 경우에 사용해야 하며 일정 단위 중에 나타나는 결점의 수를 관리하기 위한 것으로, 예를 들면 컴퓨터 한 대당 납땜 부적합 개수, 자동차 한 대당 생긴 얼룩의 수, TV 한 대당 겉표면 흠의 수 등과 같이 미리 정해진 일정 단위 중에 포함된 결점 수를 취급할 때 사용합니다.

만약 물품 한 개 중에 나타나는 결점 수가 너무 적을 경우에는 일정한 개수를 정하여 이 가운데 발생하는 결점 수를 관리하는 것이 좋습니다.

c 관리도의 작성법은 다음과 같습니다.

[순서 1] 데이터 채취

일정한 크기의 시료군을 약 20~25군 채취하여 각 시료군 중의 결점 수(c)를 조사합니다. 시료군의 크기(n)는 공정의 결점 수를 예측하여 시료 중에 결점 수가 평균적으로 대략 1~5개쯤 포함될 수 있도록 하면 좋습니다.

[순서 2] 관리도 용지에 기입

관리도 용지를 준비하여 '순서 1'에서 구한 c(결점 수)의 값을 표시하는 점을 타점합니다.

[순서 3] 관리 한계 계산

관리도 용지에 기입한 데이터에 관해서 중심선 및 관리 한계를 계산합니다.

중심선 $\bar{c} = \Sigma c / k$

Σc = 결점 수의 총합

k = 시료군의 수

관리 한계는 다음 공식에 따라 계산합니다.

$$관리\ 상한\ UCL = \bar{c} + 3\sqrt{\bar{c}}$$

$$\text{관리 하한 LCL} = \bar{c} - 3\sqrt{\bar{c}}$$

LCL은 계산의 결과 음(-)으로 되는 경우가 있는데, 이 경우에는 관리 하한은 없는 것으로 간주합니다.

순서 4 관리 한계 기입

관리도 용지 위에 $\bar{c}$(중심선)의 값을 가로 실선으로 기입하고, UCL · LCL 값을 각각 가로 점선으로 기입합니다.

순서 5 관리 상태에 있는가를 조사합니다

기입한 점이 전부 관리 한계 안쪽에 있으면, 그 데이터를 채취한 제조 공정은 안정 상태에 있다고 생각하여도 됩니다.

관리 한계 밖으로 벗어나거나 한계선 위에 점이 있으면 보아 넘기기 어려운 원인이 있으므로 그 원인을 조사해야 합니다

이 밖에도 런(run), 경향(trend), 주기(cycle) 등 관리도의 정상 여부를 판정하는 방법이 많이 있습니다.

참고적으로 요사이는 통계 패키지가 많이 개발되어 있어 현장에서 수작업으로 관리도 작성을 위한 식의 계산이

나 관리도 작도를 하지 않는 경우가 대부분입니다.

6시그마에 많이 활용되고 있는 미니탭을 사용하여 c 관리도를 작성한 사례는 다음 〈그림〉과 같습니다.

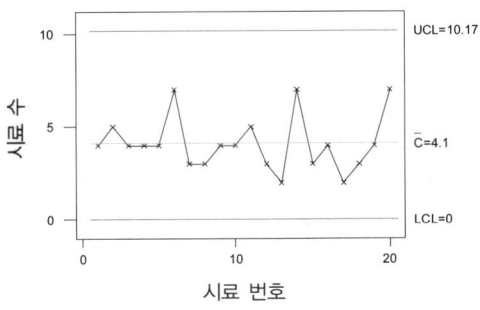

〈그림〉 c 관리도 작성(예)

Q46 u 관리도의 용도 및 작성법을 알려 주세요.

A u 관리도는 검사 단위(개수)가 불일정할 경우에 사용하며 직물의 얼룩, 에나멜 동선의 핀홀 등과 같은 결점 수를 취급할 때, 매일 검사하는 시료의 면적이나 길이 등이 일정하지 않은 경우에 사용합니다.

u 관리도의 작성법은 다음과 같습니다.

순서 1 데이터 채취

약 20~25군의 시료를 채취하여 시료의 단위(면적, 길이, 시간, 대수, 무게 등)와 시료 중의 결점 수를 조사합니다.

시료의 크기(n)는 공정의 결점 수를 예측하여 시료 중에 결점 수가 평균적으로 대략 1~5개 정도 포함될 수 있도록 하면 좋습니다.

[순서 2] u의 계산

결점 수 c를 시료의 크기 n으로 나누어 단위당 결점 수 (u)를 구합니다. 이것을 일반식으로 나타내면

$$u = c/n$$

c : 시료 중의 결점 수

n : 시료의 크기

예) 1,500m의 에나멜 동선을 검사하였더니 핀홀이 5개 있었을 경우 1,000m당의 결점 수 u는 다음과 같습니다.

$$n = 1,500/1,000 = 1.5$$
$$u = 5/1.5 = 3.33$$

[순서 3] 관리도 용지에 기입

관리도 용지를 준비하여 '순서 2'에서 구한 u의 값을 표시하는 타점을 합니다.

[순서 4] 관리 한계의 계산

관리도 용지에 기입한 데이터에 관해서 중심선(central line) 및 관리 한계를 계산합니다.

중심선 $\bar{u} = \Sigma c / \Sigma n$

Σc : 결점 수의 총합

Σn : 시료(단위)의 총합

관리 한계는 다음 공식에 의거 계산합니다.

관리 상한 UCL = $\bar{u} + 3\sqrt{\bar{u}}/\sqrt{n}$

관리 하한 LCL = $\bar{u} - 3\sqrt{\bar{u}}/\sqrt{n}$

단, LCL은 계산의 결과 음(-)으로 되는 경우가 있는데 이 경우에는 관리 하한은 없는 것으로 간주합니다.

순서 5 관리선의 기입

u 관리도상에 $\bar{u}$의 값을 실선으로 기입하고 UCL과 LCL의 값을 각각 점선으로 기입합니다.

순서 6 관리 상태에 있는가를 조사합니다

기입한 점이 전부 관리 한계 안쪽에 있으면, 그 데이터를 채취한 제조 공정은 안정 상태에 있다고 생각하여도 됩니다.

관리 한계 밖으로 벗어나거나 한계선상에 점이 있으면

보아 넘기기 어려운 원인이 있으므로 그 원인을 조사해야 합니다

기타 관리도를 판정하는 방법은 c 관리도와 동일합니다.

미니탭(minitab)을 사용하여 u 관리도를 작성한 사례는 다음 〈그림〉과 같습니다.

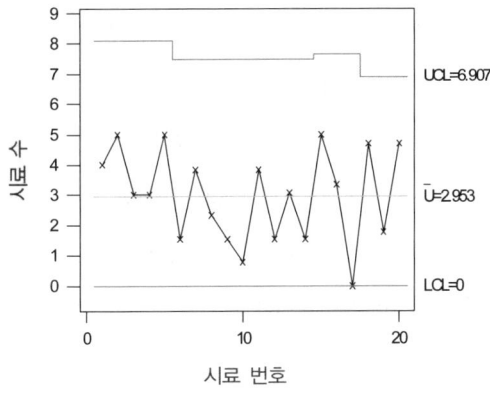

〈그림〉 u 관리도 작성(예)

Q47
사내 임원들의 요구가 워낙 강력한데 c 관리도나 u 관리도에서 UCL을 '0'으로 하는 방법이 있는지요?

A 글쎄요? UCL을 '0'으로 한다? 말은 될 것 같지만 이론적으로 불가능하다고 봅니다. 우선 귀하의 질문에서 표현을 조금 바꾸어야 할 부분은 UCL을 '0'으로 하는 것이 아니라 평균치에서 UCL까지의 거리를 '0'으로 한다는 것이 정확한 표현입니다. 이를 이해하기 위해서는 관리도의 원리를 살펴볼 필요가 있을 것 같습니다.

관리도란 시간적인 변화를 기준으로 공정의 안정 상태를 파악하는 것으로 관리하고자하는 특성치의 변화가 자연적으로 발생한다고 볼 수 있는 것인지, 이상 원인에 의해 발생한다고 볼 것인지를 판단하는데 사용되는 것으로 관리의 전제가 특성치는 항상 흔들린다는 것을 가정합니다.

하지만 귀하의 질문에 따라 평균치에서 UCL까지의 거

리를 '0'으로 하기 위해서는 이론적으로 자신이 측정한 특성치가 일정 기간(관리도를 그리기 위하여 조사된 기간 일반적으로 한 달 정도) 동안 모두 정확하게 똑같은 값으로 나왔다면 성립될 수는 있습니다. 즉 관리도의 평균값과 UCL, LCL 값이 모두 같게 되는 경우가 발생하는 것이지요. 하지만 이런 경우가 발생하는 것은 거의 불가능합니다.

아마 귀사의 임원들이 상징적으로 산포를 '제로화'하자는 것이지 실제적으로 계산하여 UCL 값이 '0'이 되게 하자는 의미는 아니라고 봅니다.

따라서 임원의 요구에 부응하기 위해서는 공정에서 발생하는 4M의 산포를 최소화하여 균일한 제품이 생산될 수 있도록 산포의 원인을 찾아 관리하는 것이 바람직할 것으로 판단됩니다.

Q48 현장에서 많이 사용하는 그래프의 종류와 특징에 대해 알려 주세요.

A 일반적으로 현장에서 많이 활용되고 있는 그래프는 막대그래프, 꺾은선그래프, 원그래프, 띠그래프입니다. 이들에 대한 사용 용도와 특징에 대해 설명하면 다음 〈표〉와 같습니다.

〈표〉 각종 그래프의 종류와 특징

종 류	형 태	용 도	특 징
막대 그래프		수량의 크기를 비교하는 그래프	일정한 폭의 막대를 늘어놓아 그 막대의 길이에 의해서 수치의 대소를 비교할 수 있다.
꺾은선 그래프		수량의 변화 상태를 보는 그래프	선의 높낮이에 의해서 수치의 크기를 비교할 수 있는 동시에 시간의 경과에 따른 변화를 볼 수 있다.

종 류	형 태	용 도	특 징
원 그래프		내역의 비를 보는 그래프	전체를 원으로 나타내고 내역의 구분에 해당하는 비를 부채꼴로 구분하는 것. 전체와 부분, 부분과 부분의 비를 알기 쉽다.
띠 그래프		내역의 비를 보는 그래프	전체를 사각형으로 나타내고 내역의 구분에 해당하는 비를 부채꼴로 구분한 것. 전체와 부분, 부분과 부분의 비를 알기 쉽다.

Q49 점그래프에 대해서 알려 주셨으면 합니다.

A 점그래프란 점도표라고도 하며, 수량의 크기를 비교할 경우 측정 단위를 점(點)으로 표시한 그래프를 말합니다.

일반적으로 단위 면적당 결점 수, 인구 밀도, 보유 현황 등을 그림으로 표시하고자 할 경우에 많이 사용됩니다. 예를 들어, 연령층별 자동차 보유 현황을 점그래프를 사용하여 표시해 보면 다음 〈그림〉과 같습니다.

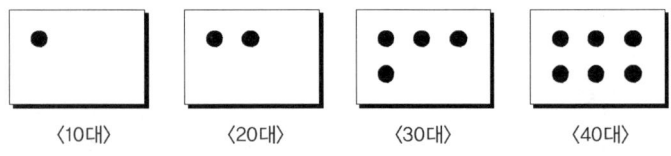

〈그림〉 연령층별 자동차 보유 현황

이외에도 수량의 크기를 도형을 사용하여 표시하는 체적(體積) 그래프, 실물 형태의 그림을 사용하여 표시하는 그림 그래프, 100등분의 사각형 눈금을 사용하여 표시하는 정사각형 그래프 등이 있으며, 사용자가 표현하고자 하는 의도에 맞추어 적절한 그래프 형태를 선택하여 사용하면 됩니다.

PART 03

신QC 7가지 기법

Q50 연관도법의 작성법을 자세히 알려 주십시오.

A 연관도법이란 복잡한 요인이 얽히는 문제에 대하여 그 인과 관계를 명확히 함으로써 적절한 해결책을 찾아내는 방법으로 작성 순서는 다음과 같습니다.

순서 1 테마 선정을 합니다

테마(문제점)가 선정되면 이중 테두리 선으로 표기합니다.

예) ┌──────────────┐ ┌──────────────┐
    │ ~ 부적합 발생 │ │ ~ 이 안 됨   │
    └──────────────┘ └──────────────┘

순서 2 팀 편성을 합니다

4~5명의 적임자를 구성하며 적임자는 다음과 같은 사람입니다.

1) 테마에 관련된 사람

2) 관련 부문에 풍부한 전문 지식 및 경험을 갖고 있는 사람
3) 테마에 대해 문제 의식을 갖고 개선에 의욕이 왕성한 사람
4) 설득력과 실천력이 강한 사람
5) 학습 의욕이 왕성한 사람

[순서 3] 팀 활동을 준비합니다

1) 리더 및 서기 선출
2) 테마 관련 정보 수집
3) 관련 사무용품 준비

[순서 4] 요인을 찾아냅니다(카드 사용 바람직)

1) BS법 활용
2) 표현 방법을 '주어 + 술어(~이/가 ~한다)'로 표시합니다.

[순서 5] 내용(카드)을 배열합니다

1) 테마를 중앙에 놓습니다.
2) 관련 요인을 그루핑(grouping)합니다.
3) 1차 대표 요인을 추출하여 테마 옆에 비치합니다.

순서 6 각 요인 간에 인과 관계를 전개합니다

1) 그룹별 1차 원인, 2차 원인, 3차 원인 등으로 분류하여 전개합니다.
2) 원인에서 결과 쪽으로 화살표를 연결합니다.
3) 팀 전원이 전체를 재검토하여 추가할 요인 등을 보충합니다.

순서 7 그룹 간의 인과 관계를 연결합니다

1) '요인의 인과가 다른 그룹 요인에 대해서도 있지 않은가'를 검토합니다.
2) 전체를 보고 관련성이 있으면 화살표로 연결합니다.
3) 화살표는 가능한 짧게 합니다.
4) 화살표가 가능한 한 교차되지 않게 원인을 배치합니다.
5) 동종(同種) 항목의 종합이나 정리를 하여 도표를 알기 쉽게 하면 좋습니다.
6) 여러 차례에 걸쳐 수정·보완을 실시합니다.

순서 8 중요 요인을 선정하여 별도로 표기합니다

순서 9 필요 사항을 기입합니다

1) 테마명   2) 목적   3) 작성 일자   4) 팀명

Q51

파레토도 작성 후 중점 관리 항목이 2~3개 일 경우 연관도를 그리게 되는데, 서로 어떤 연관이 있는지 연결하는 방법에 대해 알려 주세요.

A 연관도란 원인과 결과가 복잡하게 얽혀 있거나 여러 개의 품질 특성치를 하나의 그림으로 나타내고 싶을 때 요긴하게 사용합니다.

우선 작성 방법을 간략히 살펴보면 우선 품질 특성치(주로 문제점)을 중심에 위치시킨 후 1차 요인을 추출하여 〈그림 1〉과 같이 주제 옆에 배치합니다.

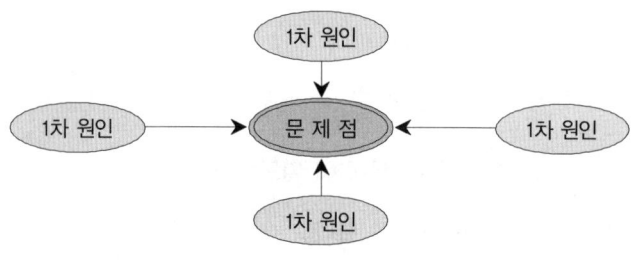

〈그림 1〉 요인 배치 예시

다음으로 1차 원인에 대한 2차 원인을 'Why' 사고를 통하여 반복적으로 전개합니다. 즉 1차 원인, 2차 원인, 3차 원인, …, n차 원인 순으로 계속 반복해서 더 이상 하위 원인이 나오지 않을 때까지 실시합니다. 또한 원인과 원인 간의 관계 표시를 위해 원인에서 결과 쪽으로 〈그림 2〉와 같이 화살표를 연결합니다.

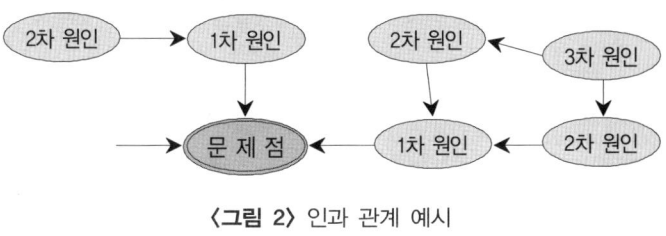

〈그림 2〉 인과 관계 예시

마지막으로 현재 도출된 원인들에 대해 팀 전원이 전체 내용을 검토하여 요인과 요인 간의 연결을 보완하거나 추가요인이 필요할 때 이를 보충한 후 마지막으로 중요하다고 생각되는 요인을 선정해 표기(별도 해칭 표시)합니다.

또한 연관도를 작도할 때 다음의 착안 사항을 고려하면 더욱 좋은 연관도가 될 수 있습니다.

- 한 그룹 내 요인들 간의 인과 관계가 다른 그룹 내 요인들에 대해서도 있지 않은지 검토한다.
- 전체를 보고 관련성이 있는 항목 간에는 모두 화살표로 연결한다.
- 화살표는 가능한 짧게 한다.
- 화살표가 가능한 교차되지 않게 원인을 배치한다.
- 항목이 서로 같으면 한데로 묶어 한눈에 보기 쉽게 정리한다.
- 여러 차례에 걸쳐 수정과 보완을 실시한다.

Q52 연관도에 대해 사례를 들어 설명해 주세요.

A 연관도 사례는 〈그림〉과 같으며, 그림을 기준으로 설명하면 다음과 같습니다.

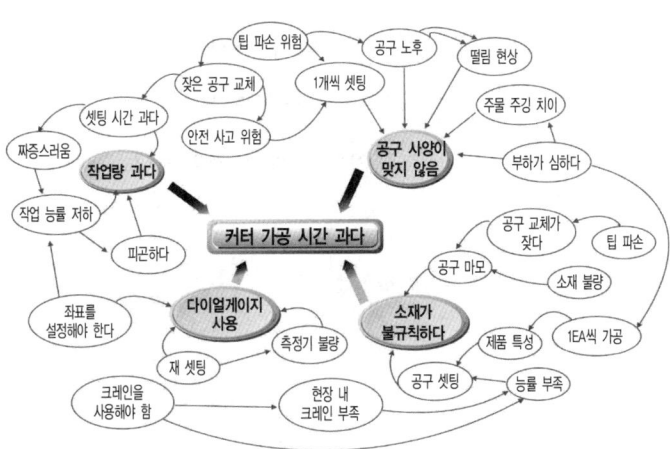

〈그림〉 커터 가공 시간 과다 연관도

'커터 가공 시간 과다'라는 문제점에 대해 1차 원인으로 '작업량 과다', '공구 사양이 맞지 않음', '다이얼 게이지 사용', '소재가 불규칙하다'의 4개 요인이 도출되었습니다. 도출된 1차 요인 4개에 대해 'Why?'를 반복하면서 2차, 3차, n차 요인을 도출하면 앞의 〈그림〉과 같이 연관도가 완성됩니다.

이 요인들을 잘 살펴봅시다. 마지막 차수 요인들 중 '팁 파손 위험', '좌표를 설정하여야 한다', '부하가 심하다' 등은 여러 요인에 복합적으로 연결이 되는 요인들임을 알 수가 있습니다.

이러한 요인들을 일컬어 '요인과 결과가 복잡하게 얽혀 있다'라고 하며, 이런 요인이 많을수록 특성요인도보다 연관도로 작성하는 것이 해석하기에 용이합니다.

Q53 연관도 작성의 핵심 부분만 요약해 주세요.

A 연관도법은 일반적으로 어떤 특성치(결과치)에 대해 요인이 서로 복잡하게 얽혀 있을 때 사용하기 좋은 기법으로 중요한 키포인트를 설명하면 다음과 같습니다.

순서 1 특성치를 선정(대부분 문제점이 됨)합니다.

순서 2 분임조원 각자가 생각하는 요인에 대하여 브레인스토밍(brain storming) 또는 브레인라이팅(brain writing)을 실시합니다.

순서 3 제출된 요인을 그루핑합니다.

순서 4 그루핑된 요인 중 대표 요인은 특성치(결과치)

바로 옆에 놓습니다.

[순서 5] 그룹 내부의 각 요인을 연결합니다.
연결 관계는 원인과 결과 순으로 연결합니다.

[순서 6] 각 그룹 간의 원인과 결과 관계를 연결합니다.

[순서 7] 분임조원들이 중요하다고 동의한 요인에 별도 마킹을 합니다.

Q54 계통도법 작성 순서를 알려 주세요.

 계통도 작성을 위해 문장을 기록할 카드를 준비하면 편리합니다.

순서 1 달성하고자 하는 목표(목적)를 정합니다

예를 들어, '~ 을 ~ 한다', 또는 '~ 을 ~하려면' 등의 표현을 사용합니다.

순서 2 수단(방법)을 추출합니다

1) 수준이 높은 수단과 방법에서 차례로 연상하면서 추출합니다.
2) 가장 낮은 수준이라고 생각되는 수단과 방법을 추출합니다.

3) 수준의 높고 낮음을 의식하지 말고, 생각나는 대로 수단과 방법을 추출합니다.
4) 수단(방법)을 평가합니다.
- ◎ : 목적과 수단 사이의 대응도가 큰 것
- ○ : 목적과 수단 사이의 대응도가 보통인 것
- △ : 목적과 수단 사이의 대응도가 미미한 것

상기의 기호를 사용하여 도출된 수단을 평가하여 계량화(계수화)합니다.

이는 목적과 수단 사이의 대응도와 실행 가능성 등을 평가함에 있어 각 평가 단위별로 대응되는 계수를 지정하여 평가하는 것으로 다음 〈표〉와 같습니다.

〈표〉 평가 계수

평 가	◎	○	△
계 수	5	3	1

[순서 3] 수단과 방법 계통화

- 질문 1

'그 목적과 목표를 달성하기 위해서는 먼저 어떤 수단이 필요한가요?'

- 질문 2

  '이 수단과 방법을 목적 또는 목표라고 생각했을 경우, 그 목적을 달성하기 위해서는 다시 어떤 수단이 필요한가요?'

- 질문 3

  '그 수단의 전부 또는 일부로서 상위 목적을 정말 달성할 수 있나요?'

수단과 방법 계통화 및 목적과 목표 확인 결과를 도식화하면 다음 〈그림〉과 같습니다.

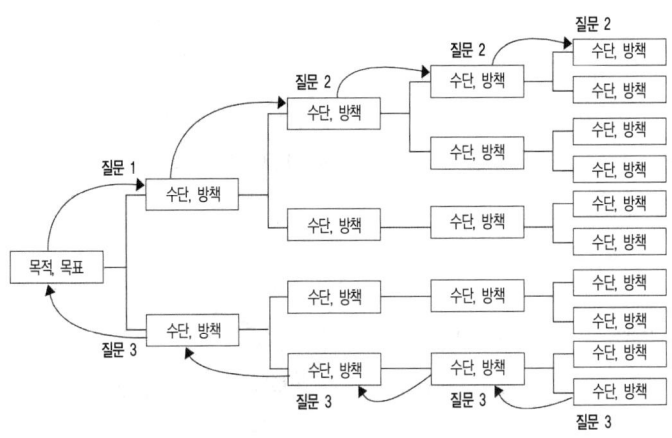

〈그림〉 계통도의 구조

Q55 계통도를 작성하는 이유와 왜 꼭 필요한지 궁금합니다.

A 계통도는 어떤 것에 대한 문제점이나 대책을 체계적으로 정리하는데 효과적인 방법입니다.

여러 가지 문제가 있을 경우 각 문제점 간에 상하 관계 또는 종속 관계를 도식화해 봄으로써 문제를 좀 더 명확히 할 수 있으며 조치 방법 또한 쉽게 도출할 수가 있습니다. 분임조 활동 단계 중 원인 분석이나 대책 수립 시 사용하면 많은 효과가 있습니다.

또한 계통도를 이용한 응용 사례는 우리 주변에서 흔히 찾아 볼 수 있으며 방침 관리 활동에서의 방책 전개, VE(Value Engineering : 가치 공학)에서의 기능 분석, 신뢰성 분석을 위한 FTA(Fault Tree Analysis : 구조 분석) 등이 계통도를 사용하고 있는 것들입니다.

Q56 L형 매트릭스도의 의미와 사례를 소개해 주세요.

A 매트릭스도법이란 다원적 사고에 의해 문제점을 명확히 해 나가는 방법으로, 문제의 착안할 만한 사상이나 사항의 요소끼리를 조합하여 생각함으로써 문제의 해결에 대한 착안점을 쉽게 얻는 방법입니다

쉽게 설명하면 x와 y축에 비교하고자 하는 항목을 배열하고, 서로 간에 상관성을 비교하여 상관성이 높은 항목을 찾는 기법이라고 말할 수 있습니다.

가장 많이 사용하는 것이 L형 매트릭스이며, L형 매트릭스도란 〈그림 1〉과 같이 A와 B의 요소를 L형으로 배치한 이원의 매트릭스도로, 다른 형식의 매트릭스도에 대한 기본이 되는 형식이기도 합니다. L형 매트릭스도는 분임조 활동의 주제 선정 단계에서 주제 안건과 검토 항목 간

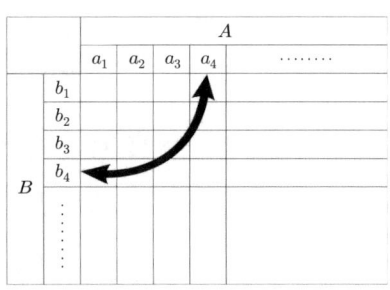

<그림 1> 3시그마 관리 한계

의 상관성을 검토하는데 유용한 기법으로, 제출된 예비 주제에 대하여 분임조에서 이번에 추진해야 할 가장 적합한 주제를 선정하기 위해 사용되며 이에 대한 사례는 <그림 2>와 같습니다.

범례	기호	점수	적용 기준
	◎	10	10명 이상 찬성
	○	5	7명 이상 찬성
	△	3	3명 이상 찬성
	×	1	2명 이상 찬성

검토 항목 제출 안건	전원 참여도	해결 가능성	부서 방침	해결 시급성	기대 효과	평점	순위	제안자
내경불량률 감소로 품질향상	○	○	○	◎	◎	35	2	송윤섭
소음불량 감소로 품질향상	◎		◎	◎	◎	45	1	최재형
정도조정시간 단축으로 가동률 향상	◎	△	○	○	○	28	4	전병식
외륜궤도 연삭 휠 라이프 증가로 원가 절감	△	◎	◎	△	○	31	3	함대석

<그림 2> L형 매트릭스 사용 예

Q57 T형 매트릭스도에 대한 의미와 사례를 소개해 주세요.

A T형 매트릭스도란 〈그림〉과 같이 A와 B의 L형 매트릭스도와 A와 C의 L형 매트릭스도를, A를 공통으로 해서 T자형으로 짜 맞춘 매트릭스도입니다. 이를 통

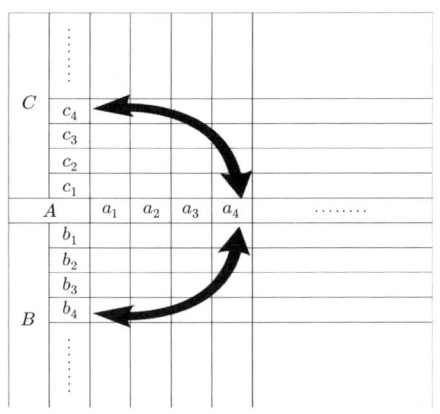

〈그림〉 T형 매트릭스도 개념도

해서 A와 B, C의 관계를 파악할 수가 있지요.

T형 매트릭스도 역시 분임조 활동의 주제 선정 단계에서 주제 안건과 검토 항목 간의 상관성을 검토하는데 유용한 기법으로 제출된 예비 주제에 대하여 분임조에서 이번에 추진해야 할 가장 적합한 주제를 선정하기 위해 사용되며 이에 대한 사례는 다음 〈표〉와 같습니다.

추가적으로 Y형 매트릭스도는 A와 B, B와 C, C와 A의 세 개의 L형 매트릭스를 이용해서 A, B, C를 Y자형으로 짜 맞춘 매트릭스도로 A와 B, C, B와 A, C, C와 A, B 간의 관계를 파악할 수 있습니다.

〈표〉 T형 매트릭스 사용 예

| | | | | | | 범례 | 표시 | ○ | △ | × |
| | | | | | | | 점수 | 5 | 3 | 1 |

시급성	중요성	회사방침	부서목표	회사검토사항 / 주제대상항목 / 분임조검토사항	가능성	적합성	참여도	효과	점수	순위	제안자
△	○	△	△	레이아웃 변경으로 작업 로스 절감	○	△	△	×	26	2	장기동
○	△	×	△	운반 지그 개선으로 이동 시간 절감	△	○	△	△	23	4	최덕윤
○	△	△	×	철심 조임쇠 구분으로 생산성 향상	△	△	△	×	22	5	강태국
○	△	△	△	열처리 설비 개선으로 불량 감소	○	△	○	○	28	1	이종훈
○	△	×	△	자재 취급 방법 개선으로 원가 절감	△	△	○	×	24	3	김기현

X형 매트릭스도란 A와 B, B와 C, C와 D, D와 A의 4개의 L형 매트릭스를 이용해서 A, B, C, D를 X자형으로 짜 맞춘 매트릭스도이며, A와 B, C, B와 A, C, C와 B, D, D와 A, B의 관계를 파악할 수 있습니다.

P형 매트릭스도란 다각형(polygon)으로 나타낸 매트릭스도로, 5각형으로 5개의 결합을 도는 6각형으로 6개의 결합을 나타낼 수 있습니다.

마지막으로 C형 매트릭스는 A, B, C를 각 변으로 하는 입방체(cube)로 나타내는 매트릭스도이며, A, B, C 각 요소의 결합은 3차원 공간상의 점이 됩니다. 3차원 공간상의 점을 그림 위에 나타낼 수 없으므로 평면 전개도로 나타내면 좋습니다.

그러나 A, B, C의 각 요소에 대한 결합을 모두 평면으로 나타낼 수는 없습니다. 따라서 3개의 L형 매트릭스로 분할하여 나타낸 착안점에서 생각하고 이들로부터 얻어진 것을 결합에서 생각하면 됩니다. 그리고 3개의 L형 매트릭스의 3차원 공간상 모든 교점을 나타내려면 3원 매트릭스를 이용하면 됩니다.

이 표시의 방법을 응용하면 4개 이상의 요소를 결합하

더라도 교점을 평면에 나타내는 것이 가능하게 되지요. 사실 복잡하게 여러 가지 설명을 드렸지만 실무에서는 L형과 T형 매트릭스 정도만 이해하고 활용하시면 큰 무리가 없으리라 봅니다.

Q58

T형 매트릭스에서 가중치란 것은 분임조원들의 생각에 의하여 부여하는 것인지, 아니면 작업의 중요성을 평가해서 부여하는 것인지가 궁금합니다.

A 가중치란 주제 선정을 위한 평가 항목의 중요도 정도가 다르다고 생각할 경우에 적용하는 방법으로, T형 매트릭스에서 회사 측면은 품질, 생산성, 원가를, 분임조 측면에서는 전원 참여도, 해결 가능성, 시급성, 기대 효과를 많이 사용하고 있습니다.

이를 적용한 사례는 다음 〈그림〉과 같습니다.

이 그림을 살펴보면 제출 안건을 기준으로 좌측에는 회사 측면과의 중요성 관계를 비교하고, 우측으로는 분임조 측면의 중요성 관계를 평가하고 있는 것으로 비교 형태가 마치 알파벳 'T' 글자와 같아 T형 매트릭스라 칭하고 있습니다. 즉 제출 안건을 A라 하면 A와 B의 관계, A와 C의 관계를 도표로 정리하는 것이지요.

안전성	품질향상	원가절감	생산성	부서 측면	분임조 측면	참여도	해결가능	시급성	예상효과	평점	순위	판정	제안자
3	3	2	2	가중치 / 제출 안건		3	3	2	2				
◎	○	○	○	자동포장기 호퍼 청소방법 개선으로 작업시간 단축		◎	◎	◎	○	86	2	차기잠정 주제	유재영
○	◎	◎	◎	제품 포장 정량 투입으로 원가 절감		◎	○	○	◎	82	3	문제은행 (06-007)	최유순
○	◎	◎	◎	1Kg 자동 포장 라인 개선으로 부적합품률 감소		◎	◎	◎	◎	94	1	채택	이순이
○	△	△	○	자동 포장기 소음방지를 통한 작업 환경 개선		△	○	○	○	52	6	문제은행 (06-037)	조양님
◎	△	◎	○	번들 포장용 박스 손실 방지를 통한 원가절감		△	◎	◎	◎	76	4	즉시개선	장복림
◎	△	○	○	밴딩기 공급롤러 과열로 작업시간 지연		○	◎	○	○	74	5	문제은행 (06-130)	남진향

〈그림〉 주제 선정을 위한 T형 매트릭스도

또한 회사 측면에서 안전성과 품질 향상이 원가 절감 및 산성이란 평가 항목보다 1.5배 만큼 중요하다고 분임조원들이 생각한 것이고, 분임조 측면에서는 참여도와 해결 가능성이 시급성 및 예상 효과보다 1.5배 중요하다고 판단한 것이 됩니다.

이 중요 정도는 분임조원들의 생각이지 작업의 중요성을 평가하는 것은 아닙니다. 작업의 중요성을 평가 항목과 연계하고 싶어도 연계성이 생기지 않을 것입니다.

마지막으로 필자가 권고 드리고 싶은 사항은 가중치를 어떻게 부여하느냐에 따라 주제가 바뀔 수 있으므로 가중치 적용 시에는 비교 중요도의 타당성을 충분히 검증하신 후에 활용하는 것이 중요합니다.

다른 분임조가 가중치를 부여하여 무언가 색다르게 한다고 하여 무조건 따라하는 것은 기법을 활용하는 것이 아니라 기법에 끌려가는 결과를 초래할 수 있기 때문입니다.

특히 초보 분임조의 경우에는 가중치 사용을 지양하는 것이 좋으며, 매트릭스 종류에서도 L형 매트릭스를 사용하는 것이 더욱 효율적일 수 있습니다.

Q59 KJ법에 대한 실시 방법과 실시 사례를 소개해 주세요.

A KJ법은 세계적으로 알려져 있는 문화인류학 학자이며 일본 도쿄공업대학 명예교수인 가와키타 지로(川喜田次郎)가 1914년에 발표한 발상법으로서 가와키타지로의 이름의 영문 표기 약자를 사용하여 KJ(Kawakita Jiro)법으로 칭하게 되었습니다. 하지만 정식 명칭은 친화도법(親和圖法)으로 신QC 7가지 도구 중의 하나로서, 이 도구는 혼동된 상태에서 수집한 언어 데이터를 상호의 친화성에 의해서 통합하여 해결하여야 할 문제를 명확히 하는데 많이 활용하고 있습니다.

다음으로 친화도 작성 방법에 대하여 간략히 설명을 드리겠습니다.

순서 1) 테마를 결정합니다

순서 2) 언어 데이터를 수집합니다
- 수집 방법으로는 직접 관찰법, 면담 열람법, 개인 사고법 중 테마에 적정한 것을 선택해 사용합니다.

순서 3) 언어 데이터를 카드화합니다
- 데이터 카드에 언어 데이터(본인이 생각한 내용)를 기재합니다.

순서 4) 카드를 모아서 펼칩니다
- 골고루 섞어 팀원들이 잘 보이도록 넓게 펼쳐 놓습니다.

순서 5) 친화성이 있는 카드끼리 모읍니다
- 언더 데이터 내용이 비슷한 것끼리 묶어 놓습니다.

순서 6) 친화 카드를 작성합니다
- 그 묶여진 내용을 대표적으로 표현할 수 있는 표찰을 만듭니다(이를 친화 카드라고 합니다).
- 친화 카드 내용은 각 데이터 카드가 표현하는 내용에

대해 최대한 과부족이 없도록 잘 표현해서 기록해야 합니다.
- 친화 카드를 각 데이터 카드 맨 앞장에 클립으로 묶습니다.
- 단, 어느 친화 그룹에도 속하지 않는 데이터 카드는 무리하게 그루핑 하기 보다는 외톨이 카드로 그대로 놔둡니다.

순서 7 친화도를 작성합니다
- 친화 카드 단위로 테두리 선을 긋습니다.
- 친화 카드 간(2중, 3중)의 내용을 표현할 수 있는 새로운 표현을 만들어 표시하면 좋습니다.

이렇게 해서 만들어진 친화도를 보고 팀원 간에 전체 내용을 토론 및 발표합니다. 이런 과정을 통하여 현재의 문제점이나 개선 방향이 완성되게 되는 것입니다.

그럼 신제품 개발에 관련된 친화도법 실행 결과 작성 사례는 다음 〈그림〉과 같습니다.

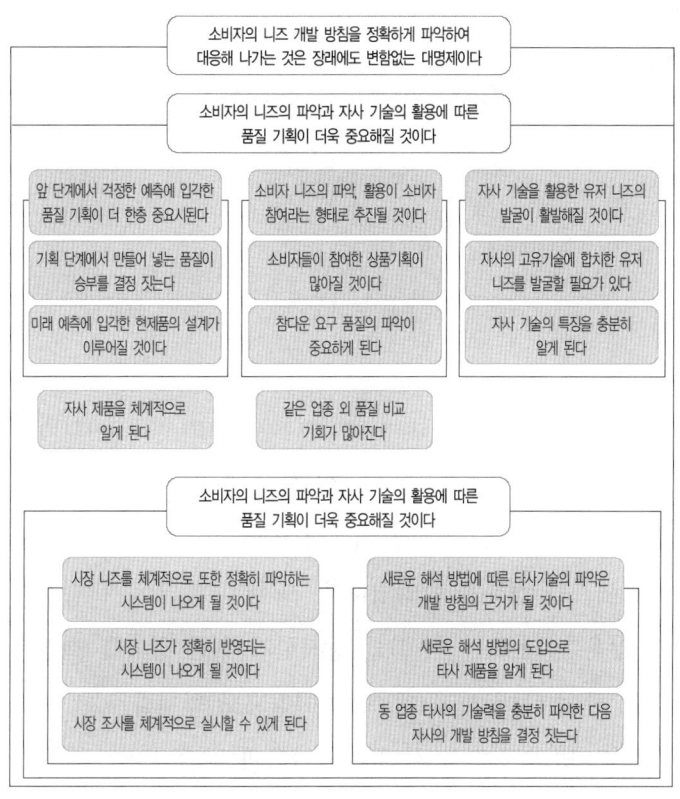

〈그림〉 신제품 개발에 대한 친화도법 사례

Q60 PDPC법이란 것이 무엇인지요?

A PDPC(Process Decision Program Chart)법이란 우리말로 하면 과정 결정 계획도로, 여러 가지 결과가 예상되는 문제에 대해서 바람직한 결과에 이르는 프로세스를 정하는 방법입니다. 또한 다른 말로 바람직하지 않은 상태(또는 사고)를 방지하기 위한 방법을 결정한다고 하여 중대 사고 예측도법이라고도 합니다.

PDPC법의 장점을 살펴보면 다음과 같습니다.

첫째, 바라는 상태(또는 목표)에 이르는 과정이 그림으로 표현되기 때문에 문제 해결의 전체적 윤곽의 파악이 용이합니다. 둘째, 목표 달성의 전 과정에 걸쳐 발생 가능한 확률적 사상을 모든 참가자의 발상에 의거 모두 찾아낼 수가 있습니다. 셋째, 찾아낸 발생 가능한 확률적 사상에 대한 대응책을 사전에 강구할 수 있기 때문에 목표 달성을 확실하게 할 수가 있습니다. 또한 PDPC법 사용 시 활용되는 기호는 다음 〈표〉와 같습니다.

〈표〉 PDPC법의 사용 기호

기 호	명 칭	의 미
▭	대 책 방 책	• 그 단계에서 취해야 할 대책이나 실시 사항 • 과제 달성 접근을 위한 고유 방책 • 중대 사태를 회피하기 위한 방책
⬭	상 태 국 면 반 응	• 대책에 따른 결과로서 나타난 사상 • 초기의 현상 • 방책의 결과 기대하는 상태
◇	분 기 점 의사결정점	• 의사 결정 경로에 따라 대책이 구분될 때 사용 • ◇ 안에 판단 기준을 기입 • 그림으로 표현할 수 없을 때는 yes, no 등으로 표시
⬯	과 제 결 과	• 현재의 상태와 달성하고자 하는 목표의 상태 • 대책이나 상태의 결론
→	실 선	• 시간의 경과나 사태 진전의 방향
┈▶	점 선	• 시간의 흐름과는 관계 없이 정보의 흐름이나 활용 경로

Q61 PDPC법 진행 순서를 알려 주세요.

 PDPC법의 진행 방법은 대략 7단계로 구성되며, 각 단계별 방법은 다음과 같습니다.

순서 1 해결해야 할 테마와 관련된 사람을 소집하여 자유로운 집단 토론을 거쳐서 검토가 필요한 사항을 찾아냅니다.

순서 2 대책을 실시했을 경우 예상되는 결과를 도출(미래 목표)합니다. 예를 들어 해결할 테마가 '생산성 향상 20%'라고 하였을 경우, 여러 가지 대책을 통하여 '생산성 향상 20%'가 도달되는 과정을 도출하여 도식화합니다.

[순서 3] 찾아낸 대책을 실시하는 경우 예측되는 결과 또는 문제점을 찾아보고 그것을 해결할 수 있는 대책안을 수립합니다.

[순서 4] 목표 달성에 이르기 위한 과정들(문제점 및 대책)을 찾고 이것들을 실선 화살표로 연결합니다. 만일 하나의 경로에서 얻은 정보가 다른 경로의 검토에도 영향을 주게 되면 이것들을 점선 화살표로 연결합니다.

[순서 5] 분기된 경로의 프로세스(과정)들에 대하여 담당 부서를 정합니다.

[순서 6] 이상과 같은 순서에 따라 완성된 최초의 PDPC를 담당 부서별로 실시하면 됩니다.

[순서 7] 실시 중 새로운 정보나 문제점이 발생하면 그때그때 새로운 문제점에 대한 대책안의 수정 및 추가를 하든가, 또는 그 시점을 출발점으로 하여 새로이 PDPC를 작성할 수도 있습니다.

Q62 애로 다이어그램이 무엇인지 알고 싶습니다.

A 애로 다이어그램(arrow digram)법이란 간트차트(Gantte Chart)법과 같이 일정을 관리하기 위한 기법입니다.

간트차트가 평면적인 일정 관리 기법이라면 애로다이어그램은 입체적인 일정 관리 기법이라 할 수 있습니다. 애로 다이어그램이란 가장 적합한 일정 계획을 세워 효율적으로 진척을 관리하는 방법으로서 오퍼레이션 리서치(Operation Rearch) 기법인 PERT(Program Evaluation and Review Technique), 또는 CPM(Critical Path Method)을 그대로 사용한 것입니다.

이 기법의 장점은 다음과 같습니다.

첫째, 활동(activity)의 선후 관계가 명확해집니다.

둘째, 계획의 진도 관리가 용이합니다.

셋째, 납기 또는 공기를 확실하게 지킬 수 있습니다.

넷째, 필요 시 최소의 비용으로 공기 또는 납기를 단축할 수 있습니다.

기법에 사용되는 기호는 다음 〈표〉와 같습니다.

〈표〉 애로 다이어그램의 사용 기호

기 호	의 미
⟶	프로젝트의 실행을 위해 '하여야 할 작업 또는 활동(activity)'으로서 시간과 자원이 소요되는 것을 나타낸다.
┄┄┄▶	단계(event)라고 부르며, 이것은 작업 또는 활동의 시작점과 종료점을 나타낸다.
◯	가공 작업(dummy activity)라고 하며, 작업 또는 활동 간의 선후 관계를 맺어 주는데 사용되는 것으로, 시간과 자원의 소요가 없는 활동이다.

Q63 매트릭스 데이터 해석에 대한 진행 순서와 사례를 소개해 주세요.

A

순서 1 대응되는 데이터(주로 x, y값)를 매트릭스표를 사용하여 정리합니다.

순서 2 행간 또는 열 간의 상관 행렬을 계산하며, 문제에 따라서는 상관 행렬 대신 분산이나 공분산 행렬을 이용합니다.

순서 3 조사된 데이터에 대해 고유치, 기여율, 누적 기여율 등을 정하고 기여율이 높은 순으로 여러 개의 주성분을 정합니다.

순서 4 각 주성분에 대응하는 고유 벡터와 인자 부하량을 정합니다.

순서 5 각 주성분마다 주성분 득점을 정합니다.

순서 6 주성분 득점의 산포 상태를 작도합니다.

시중에 팔리고 있는 오토바이에 대해 매트릭스 데이터 법을 적용한 사례는 다음 〈그림〉과 같습니다.

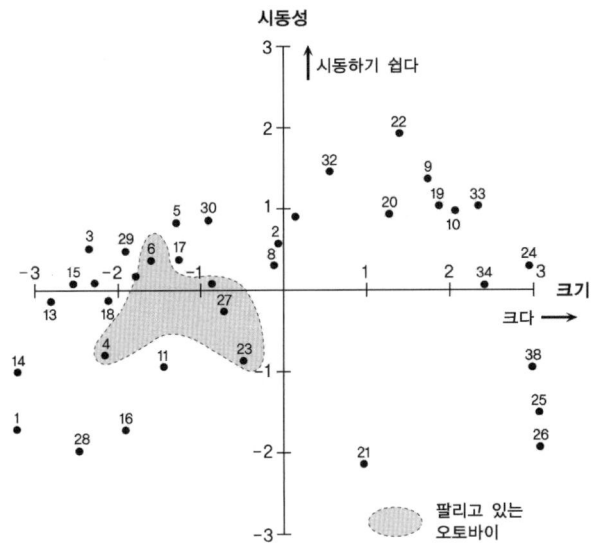

〈그림〉 오토바이 주성분 득점 산포 상태

PART 04

다양한 현장 개선 기법

Q64. 5S 활동에 대한 용어 정의와 그 활동 효과에 대하여 설명해 주세요.

A 5S 활동을 하는 목적은 이 활동을 통하여 품질(quality), 원가(cost), 납기(delivery), 안전(safety), 사기(morale), 생산성(productivity)을 생산시키는 데 있으며, 이를 위해서는 기본적으로 정리, 정돈, 청소, 청결, 습관화의 5가지 사항에 대한 실천이 중요하지요.

5가지 실천 사항에 대한 정의와 활동 효과를 설명하면 다음과 같습니다.

첫째, 정리

필요한 것과 불필요한 것을 구분하여 불필요한 것은 버리는 것을 말합니다.

둘째, 정돈

필요한 것은 언제나 쉽게 찾아 볼 수 있도록 위치를 정하여 두는 것을 말합니다.

셋째, 청소

더러움이 없는 상태로 깨끗하게 하는 것을 말합니다.

넷째, 청결

정리, 정돈, 청소 상태를 지속적으로 유지하는 것을 말합니다.

다섯째, 습관화

정해진 것(rule)을 지키는 것을 말합니다.

위에서 설명한 다섯 가지 실천 사항에 대한 활동 효과는 다음 〈표〉와 같습니다.

〈표〉 5S 활동의 효과

구분	활동 내용	활동 효과	목적	궁극적 목표
정리	필요한 것과 불필요한 것을 구분하여 불필요한 것은 버리는 것	• 재고 감축 • 공간 낭비 배제 • 물자 낭비 배제	효율 높은 직장 만들기	전 부문의 로스 제로
정돈	필요한 것은 언제나 쉽게 찾아 볼 수 있도록 위치를 정하여 두는 것	• 찾는 시간 단축 (손실 시간 감소) • 준비 시간 단축 • 물품의 분실 방지		
청소	더러움이 없는 상태로 깨끗하게 하는 것	• 작업 환경을 개선 • 설비 고장의 감소 (가동률 향상)	깨끗한 직장 만들기	
청결	정리, 정돈, 청소 상태를 지속적으로 유지하는 것	• 깨끗한 작업장 유지 • 안전, 보건 위생 (재해 발생 요인 근절)		
습관화	정해진 것(rule)을 지키는 것	• 결정 사항 준수 (사규, 규칙, 회의 결과) • 명랑한 회사 생활	보람 있는 직장 만들기	

Q65 5S 활동에서 왜 'S'란 글자를 사용하는지요?

A 5S라 함은 정리, 정돈, 청소, 청결, 습관화란 한자를 일본어로 읽었을 때 모두 영어의 'S'란 글자로 시작이 되기 때문에 5S란 말이 탄생하게 되었으며, 각각의 의미를 살펴보면 다음 〈표〉와 같습니다.

〈표〉 5S의 정의

5S	한자	음독(音讀)	의 미
정리	整理	seiri	필요한 물품과 불필요한 물품을 구분하여 불필요한 물품은 처분하는 것
정돈	整頓	seidon	필요한 것을 언제든지 필요할 때 사용할 수 있는 상태로 해 두는 것
청소	淸掃	seiso	직장 내 쓰레기 없고 더러움이 없는 상태로 해 두는 것

5S	한자	음독(音讀)	의 미
청결	淸潔	seiketz	정리·정돈·청소 상태를 지속적으로 유지, 관리하는 것
습관화	躾	sitsuke	4S(정리·정돈·청소·청결)를 실시하여 사내에서 결정된 사항, 표준을 준수 해 나가는 태도를 몸에 익히는 것

※ 습관화란 일본어로 하면 'しゅうかんか'이고 영어로 발음하면, 'shukanka'이나 원래 일본에서는 躾(Sitsuke)란 일본식 한자를 사용하고 있으며, 이 의미 또한 '예의 범절을 몸에 배게 함(마음가짐)'이란 뜻을 가지고 있음

Q66

5S 활동 상태를 체크리스트를 이용해 평가하려고 하는데, 평가 항목을 어떻게 선정해야 효과적으로 평가할 수 있을까요?

A   5S 활동에 대한 평가는 기본적으로 5S 활동 성과에 대한 평가를 실시해야 하겠죠. 이를 위해서는 5S 활동 각각에 대한 체크리스트를 작성하여 각 항목의 배점 기준을 작성해야 합니다. 일반적으로 5S 각각에 대하여 20점씩 배점을 하는 것이 좋으며 귀사의 사정을 고려하여 특정 항목에 가중치를 주어도 무방합니다.

또한 체크리스트도 사무실과 현장의 특성을 고려하여 별도로 작성하는 것이 좋으며, 더 나아가 생산 제품의 특성까지도 고려하여 관련 설비, 치공구, 원료 보관, 제품 보관 등에 대한 체크리스트를 만드는 것이 더욱 좋습니다.

평가 결과에 대하여는 전사 5S 활동 평가 결과와 부서별 5S 활동결과를 다음 〈그림〉과 같이 레이더차트로 도식

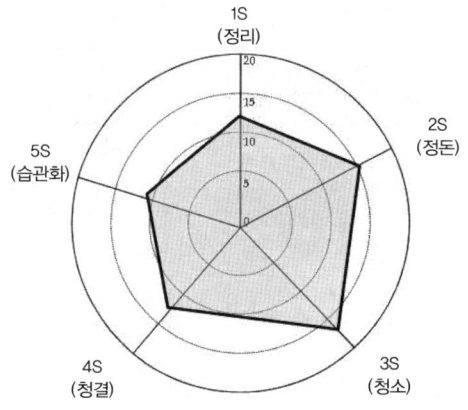

〈그림〉 5S 활동 평가 결과 레이더차트

화하면 한눈에 5S 활동 수준을 파악하기가 용이합니다.

일정 점수에 미달하는 부서는 유예 기간을 주어 다시 2차 평가를 실시할 수도 있습니다.

기타 5S 활동 전반 평가 이외에 다음 〈표〉와 같이 별도의 평가 항목을 정하여 주기적으로 활동 사항을 점검하는 것도 좋습니다.

〈표〉 5S 활동 평가 방법 예

평가 항목	산출식	목표	주기	관련 양식
청결도	정리, 정돈, 청소 3항목 합계(60점)	50점 이상	정기 진단 시	*청결도(정리, 정돈, 청결) 체크리스트
조치율	(조치 건수/붉은 표찰 부착 건수)×100	90% 이상	매월 (정리 활동 시)	• 정리 대상물 리스트 • 정돈 대상물 리스트
개선 실시율	(개선 실시 건수/목표 건수)×100	90% 이상	매월 (5S 활동 실적 보고 시)	• 개선 사례 리스트 • 개선 목표 시트

Q67 5S 활동에서 주관 부서 선정(품질보증팀, 관리팀)과 적정한 점검 주기에 대해서 알고 싶습니다.

A 5S 활동을 어디서 주관해야 하는지를 딱 꼬집어 이야기하라면 조금 농담 섞어 '그때그때 달라요!'라고 말하고 싶습니다.

사실 직장 생활을 하다 보면 어떤 것이 회사에 필요하기 때문에 해야 한다고는 인식하지만 정작 그것을 누가 해야 하느냐를 정할 때는 아주 민감한 부서 간의 반응이 일어나는 것이 조직의 생리이기도 합니다.

부서나 개인의 입장에서는 항상 할 일이 많아 주체를 못하고 있는 판에 또 새로운 업무를 해야 한다고 생각하면 앞이 캄캄해지기도 하겠지요.

하지만 누군가는 이 일을 해야 한다면, 아니 우리 부서가 해야만 한다면 어떻게 해야 할까요? 결론적으로 생각을 바꾸어 보는 것이 현명한 대처 방법일 것입니다. '어차피 피해 가지 못할 것이라면 즐기라'는 말도 있지 않습니까? 때로는 생각의 전환이 자기를 행복하게 하고 궁극적으로 미래를 바꾸게 합니다. 똑같은 상황을 놓고 부정적으로 생각하는 사람과 긍정적으로 생각하는 사람은 일의 결과가 다르기 마련입니다.

이제 본론으로 들어가서 말씀 드리면 5S 활동에 대하여는 특별히 어느 부서에서 해야 한다는 지침이나 이론은 없습니다. 조직의 규모나 실정에 따라 탄력적으로 운영하는 것이지요. 굳이 필자의 사견을 말씀드린다면 5S 활동은 제품 품질이나 생산성 향상을 위한 아주 기본적인 활동이며 대부분의 활동 대상이 생산 현장입니다.

제품의 특징과 생산 형태를 잘 이해하면 더욱 효율적인 5S 활동이 이루어질 수 있습니다. 이런 측면에서 볼 때 관리 부서보다는 품질 부서가 장기적인 측면에서 볼 때 좀 더 적합할 것 같습니다.

다음으로 점검 주기에 대하여는 주관 부서에 의한 점검과 자기 점검으로 구분할 수 있으며, 자기 점검은 스스로 본인이 속한 부서나 영역의 활동 상태를 정해진 체크리스트를 근거로 일주일에 한 번 정도 점검하는 것이 적합하며, 주관 부서에서 전사적으로 실시하는 점검은 월 1회 정도로 주기를 설정하여 운영하는 것이 바람직합니다.

Q68 개선 전과 후의 정점 촬영이 무엇이며, 이에 대한 사례를 들어 설명해 주세요.

A 정점 촬영(定點撮影)이란 '동일한 대상'을 '동일한 위치', '동일한 높이', '동일한 방법'으로 촬영하는 것을 말합니다.

쉽게 이야기하여 인물 사진(portrait)을 찍는 것이라고 생각하면 됩니다. 사진첩을 뒤져 과거에 사진관에서 본인의 증명사진 찍은 것들을 보노라면 시간이 지남에 따라 자기 얼굴이 변해가는 모습을 쉽게 알 수가 있습니다.

이와 마찬가지로 어떤 대상물을 이렇게 촬영하면 전과 후의 비교를 확실히 할 수 있는 장점이 있습니다. 특히 개선 전과 후의 상태를 사진을 찍어 1:1로 비교해 보면 개선의 정도를 빨리 파악할 수가 있습니다.

이런 이유로 정점 촬영은 회사에서 5S 활동(청정 활동)

추진 시에 많이 활용하는 방법이기도 합니다.

정리, 정돈 상태에 대하여 촬영을 하면 활동 전 어지럽혀진 상태와 활동 후 말끔히 정돈된 상태를 직관적으로 파악할 수가 있어 아주 유용하게 활용하고 있습니다.

정점 촬영 시 유념할 사항은 같은 위치에서 같은 방법으로 촬영해야 전과 후의 상태를 명확하게 구별할 수 있으므로 촬영 시 적합한 위치를 잘 선택하시기 바랍니다.

필자가 컨설팅한 회사의 5S 활동에 대한 정점 촬영 결과를 〈표〉에 보여 드리니 참고하시기 바랍니다.

<표> 5S 활동 정점 촬영 사례

구 분	개선 전	개선 후
사진, 도해, 도면, 표 등		
내용	대차(台車) 사용 후 지정 장소가 없어 현장 여기저기 방치됨	빈 대차의 경우 치구 보관대 옆에 지정 장소를 정하여 정렬함
사진, 도해, 도면, 표 등		
내용	지그와 제품이 혼재되어 있음	봉, 망 바닥에 적재품 등을 현황판 쪽에서 정렬해 가도록 위치를 정하여 관리

Q69 TPM의 유래에 대해 알고 싶습니다.

 TPM(Total Productive Maintenance)을 흔히 전사적 생산 보전 운동이라고 이야기합니다.

설비 보전은 보전부서만의 고유 업무라는 고정관념을 깨고 전 종업원이 설비 보전 업무에 참가하여 설비 고장 제로, 부적합 제로, 재해 제로를 추구하는 것으로, 궁극적으로는 이 활동을 통하여 기업의 체질을 변화시키자는 기업 혁신 운동이 바로 TPM인 것입니다.

이 운동의 발생지는 일본입니다.

1969년 일본 '도요타'의 자회사인 '닛본덴소'에서 처음 시도되었으며, 그 성과가 산업계에 알려진 후 일본플랜트메인터넌스협회(JIPM)에서 이를 체계화하여 TPM 운동으로 발전시켰습니다.

그 후 본격적으로 일본에서 TPM이 보급되기 시작된 것은 1971년입니다. 1974년 일본 TPM상이 제정된 이후 기업의 품질, 생산성, 원가 절감에 혁혁한 성과를 올리면서 일본의 전 산업분야로 확산되기 시작한 것이지요.

원래 이 운동의 기초가 된 것은 1950~60년대 유행했던 미국의 PM 활동이었습니다. PM은 Preventive Maintenance의 약자로 '예방 보전'으로 해석할 수 있습니다. 그러나 당시 활동은 설비 관리 전문가들의 전문 분야로서만 국한되었기 때문에 확산 범위가 극히 제한적일 수밖에 없었는데, 이를 일본이 전사적 범위로 발전시켜 TPM이 탄생한 것이지요.

일본의 TPM은 다시 미국으로 역수입되어 '포드자동차', '코닥' 등 많은 기업들이 실시하게 되었으며, 더 나아가 스웨덴의 '볼보' 등 유럽을 포함, 전 세계 23개국에서 활발히 시행되게 되었습니다.

우리나라에 TPM이 처음 소개된 것은 지난 1987년, 한국표준협회가 일본플랜트메인터넌스협회(JIPM)로부터 TPM 기법을 전수 받아, 국내 업체들의 교육에 나서면서부터 시작되었습니다.

2년 뒤인 1989년에는 '현대자동차', '삼성전자' 반도체 부문, '동서식품' 등 3개 업체가 사업장에 TPM을 본격적으로 도입하면서 우리 기업들의 TPM 혁신이 시작되었습니다.

 그 후 이들 업체들의 TPM 성과가 입증되기 시작하면서 1990년대 중반부터 국내 기업에도 급속도로 확산돼 현재 대부분의 기업들이 TPM을 도입해 시행하고 있습니다.

 특히 설비 의존도가 높은 장치 산업 및 조립, 가공 산업 분야에서 각광 받고 있으며 초기에는 대기업이 주축이 되었으나, 최근 들어서는 대기업 협력 업체를 중심으로 중소기업으로도 확산되고 있습니다.

Q70 TPM의 핵심적인 활동 및 변천 과정에 대해 알려 주세요.

A TPM은 다음의 7가지 활동을 주축으로 전개됩니다.

1) 자주 보전 활동 : 과거 설비 보전 업무를 하지 않던 생산 부문에서도 설비 보전 활동을 벌이는 것입니다.

2) 개별 개선 활동 : 설비의 불합리나 만성적인 로스(loss)를 방지하는 활동입니다.

3) 계획 보전 활동 : 설비 고장이 나기 전에 설비 진단 기술 등을 이용해 사전에 대처하는 활동입니다.

4) 품질 보전 활동 : 설비가 품질을 좌우한다는 인식 아래 설비 보전 단계에서부터 품질을 높이자는 것입니다.

5) 설비 초기 관리 활동 : 설비의 설계에서 폐기까지 설비

의 일생을 가장 경제적인 비용으로 다루는 일입니다.

6) 사무 간접 부문 활동 : 설비를 다루지 않는 사무 간접 부문으로 TPM을 확대하는 것입니다.

7) 설비 및 플랜트의 안전과 환경 보전을 높이는 활동

8) 직원들이 TPM 활동을 더욱 효율적으로 벌일 수 있도록 지속적으로 교육 훈련을 실시하는 활동

TPM 활동 기법의 변천은 다음 〈표〉와 같습니다.

〈표〉 TPM의 발전 과정

Q71 TPM 활동에서 MTBF의 의미 및 가용도 산출 방법을 명확히 알고 싶습니다.

A TPM(Total Productive Maintenance)은 설비 관리 활동의 일환으로 현장에 설치된 생산 설비들의 보전성(maintainability)을 높여 설비가 고장 없이 가동되도록 예방 보전(PM : Preventive Maintenance)을 지속적으로 실시하는 것입니다. 또한 보전성의 척도로서 설비고장 발생 시 규정된 시간 내에 설비 수리가 완료되는 비율인 보전도란 지표를 사용하기도 합니다.

우선 MTBF(Mean Time Between Failure)란 고장 간격이란 뜻으로, 일정 기간 동안 설비를 사용 시 고장이 발생되기까지의 평균 시간으로 'Up-Time'이라고도 합니다.

MTBF가 100시간이라고 하면 이 설비는 평균 100시간 가동시키면 1회 정도 고장이 발생한다는 의미가 될 수 있습니다.

이와 비슷한 용어로 MTTF(Mean Time To Failure)란 것이 있는데, MTBF와의 차이는 다음 〈표〉와 같이 간략하게 정리해 볼 수 있습니다. 즉, TV나 자동차처럼 고장 발생 시 수리를 하여 계속 사용하는 제품은 MTBF란 지수를 사용하고, 형광등이나 전구처럼 한 번 고장 나면 버리는 제품은 MTTF란 지수를 사용한다는 것입니다.

다음은 가용도(availability)에 대하여 설명 드리겠습니다.

가용도를 산출하기 위해서는 설비 고장 발생 시 평균 수리 소요 시간인 MTTR(Mean Time To Repair : 평균 수리 시간)을 알아야 합니다.

〈표〉 MTBF와 MTTF의 차이

구 분	MTBF	MTTF
의 미	제품(설비) 사용 시 고장이 발생되기까지의 평균 시간(기간)	
적용 제품 (설비)	수리계 제품에 사용	비수리계 제품에 사용
고장 발생 시	수리하여 계속 사용	폐기
예	수리 가능한 대부분의 제품	1회용 제품이나 소모품

이는 당연히 수리계 제품(설비) 사용 시 고장이 발생되었을 경우, 설비 복구 시까지의 평균 수리 시간을 나타내는 지표로 'Down-Time'이라고도 합니다. 즉 가용도란 내구성(MTBF)과 보전성(MTTR)을 종합한 지표로서, 설비가 얼마나 유효하게 가동하는가를 나타내는 것이지요. 이 지표를 유효율 또는 가동률이라고도 합니다.

가용도에 대한 산출식은 다음과 같습니다.

$$가용도(A) = \frac{MTBF}{MTBF + MTTR} \times 100(\%)$$

예를 들어 어떤 설비의 평균 고장 간격이 850시간, 평균 수리 시간이 15시간이라면 이 설비의 가용도는

$$가용도(A) = \frac{850}{850+15} \times 100 = 98.3(\%)$$

가 되는 것입니다.

Q72 설비 종합 효율을 관리하려고 하는데, 이에 대한 정확한 의미와 산출 방법을 알려 주세요.

A 사람의 생체 기능에 대한 적정성을 판단하기 위해 근골격 기능, 소화 기능, 혈액 순환 기능 등을 각각 진단하여 건강 상태를 측정할 수도 있지만 좀 더 확실한 판단을 위해 각종 생리 기능을 종합 진단하는 것처럼 설비도 각각의 기능들이 있지만 종합적인 설비의 건강 상태를 판단하는 것이 필요합니다.

설비의 건강(효율)을 종합적으로 판단하기 위한 지표로서 설비의 가동을 시간적 관점, 성능적 관점 및 품질적 관점에서 평가하는 것을 설비 종합 효율이라고 합니다.

그럼 설비 종합 효율은 어떻게 측정할까요?

설비 종합 효율은 전술한 바와 같이 시간적·성능적 및 품질적 지표의 곱으로 나타냅니다.

> 설비 종합 효율 = 시간 가동률 × 성능 가동률 × 양품률

즉 설비 종합 효율을 산출하기 위해서는 우선 시간 가동률, 성능 가동률 및 양품률을 별도로 산출해야 하는 것이지요.

1) 시간 가동률 : 시간 가동률은 가동 시간을 부하 시간으로 나눈 값으로 산출식은 다음과 같습니다.

> 시간 가동률(%) = (가동 시간 / 부하 시간) × 100

2) 성능 가동률 : 성능 가동률은 설비의 성능을 평가하기 위한 지표로서 실질 가동률과 속도 가동률의 곱셈에 의해 산출됩니다.

> 성능 가동률(%) = 실질 가동률 × 속도 가동률

> 실질 가동률(%) = {생산 수량 × 실제 사이클 타임 / (부하 시간 - 정지 시간)} × 100

> 속도 가동률(%) = (이론 사이클 타임 / 실제 사이클 타임) × 100

성능 가동률을 산출하기 위한 실질 가동률과 속도 가동

률의 산출식에는 분자와 분모에 실제 사이클 타임이 있으므로 이를 제거하고, 새로이 산출식을 정리하면 다음과 같이 간략하게 성능 가동률을 산출할 수 있습니다.

> 성능 가동률(%) = (생산 수량 × 이론 사이클 타임 / 부하 시간 − 정지 시간) × 100

즉 성능 가동률이란 주어진 작업 시간을 통하여 생산 수량이 이론 사이클 타임에 근접한 정도라고 할 수 있습니다. 물론 이론 사이클 타임보다 작은 시간에 단위 제품을 생산하였다면 성능 가동률은 100% 이상이 나올 수 있습니다.

3) 양품률 : 양품률은 설비를 통해 생산된 제품 수량 중 적합으로 판정된 양품 수량의 비율로 계산되며 산출식은 다음과 같습니다.

> 양품률(%) = (양품 수량 / 총 생산 수량) × 100

Q73 라인의 설비에 대해서 로스(손실)를 관리하고 있는데 용어가 많이 헷갈립니다. 어떤 로스가 있고 이를 활용한 설비 가동률 산출은 어떻게 하는 것인지 개념 정리에 대해 알려 주십시오.

A 설비 관리 관련 서적이나 자료를 보면 여러 가지 용어가 나오는데 기본적인 개념을 이해하면 어렵지 않습니다.

설비를 가동할 수 있는 시간을 조업 시간이라고 하며, 실제 설비를 가동해야 할 시간을 부하 시간이라고 합니다.

그럼 '부하 시간에 모두 설비가 가동되는가?'라고 물으면 예상치 않은 설비 고장이 일어나 부하 시간과 실제 설비 가동 시간은 차이가 나기 마련입니다.

더 나아가 설비가 가동하였더라도 가동 속도가 설비의 설계 속도(또는 목표 속도)로 작동되었는가를 정미 시간이란 용어로 관리합니다. 또한 설비가 작동한 시간 중에서 양품을 만들어 낸 시간만을 가치 가동 시간이라고 합니다.

이에 대한 개념을 도식화하여 표현하면 〈그림〉과 같으며, 여기에 정의한 설비 가동 구조를 기준으로 여러 가지 지표를 산출할 수가 있습니다. 그 중에서도 가장 많이 활용되는 지표가 '시간 가동률', '성능 가동률', '양품률', '설비 종합 효율'이며, 이에 대한 산출 방법은 〈표〉와 같습니다.

로스	No	로스내용	
관리 로스	⓪	계획 정지 관리 착오	
정지 로스	①	고장	6대로스
정지 로스	②	기종 교체	6대로스
속도 로스	③	순간 정지	6대로스
속도 로스	④	속도 저하	6대로스
부적합 로스	⑤	부적합, 수정	6대로스
부적합 로스	⑥	초기 수율	6대로스

조업 시간 / 부하 시간 + 관리 로스 / 가동 시간 + 정지 로스 / 정미 가동 시간 + 속도 로스 / 가치 가동 시간 + 부적합 로스

〈그림〉 설비 가동 구조

〈표〉 설비 지표 산출 방법

기호	용어	산출 내역
A	부하 시간	• 생산 계획상 가동해야 할 시간 • 조업 시간 – 계획 정지 시간
B	정지 시간	• 설비의 가동이 중단된 시간
C	가동 시간	• 부하 시간 – 정지 시간
D	이론 C/T	• 표준 조건하에서의 단위 작업 시간
E	생산량	• 가동 시간 중 생산한 수량
F	투입량	• 설비에 투입된 량
G	부적합 수	• 부적합으로 검출된 수량

• 시간 가동률 $= \dfrac{C}{A} = \dfrac{\text{가동 시간}}{\text{부하 시간}} \times 100$

• 성능 가동률 $= \dfrac{D \times E}{C} = \dfrac{\text{이론}\, C/T \times \text{생산량}}{\text{가동 시간}} \times 100$

• 양품률 $= \dfrac{F-G}{F} = \dfrac{\text{투입량} - \text{부적합수}}{\text{투입량}} \times 100$

• 종합 효율 = 시간 가동률 × 성능 가동률 × 양품률

Q74

요즈음 들어 분임조 활동을 하지 않는 대신 TPM 활동을 하고 있는데, 두 활동을 접목할 수 있는 방안 및 진행 방향에 대해 알려 주세요.

A TPM(Total Productive Maintenance) 활동이란 다음 〈그림〉과 같이 자주 보전 7단계에 의거하여 '내 설비는 내가 지킨다(my-machine)'는 사고를 가지고, 설비 사용(운전) 부문이 소집단 활동을 중심으로 설비 보전을 실시하는 활동입니다.

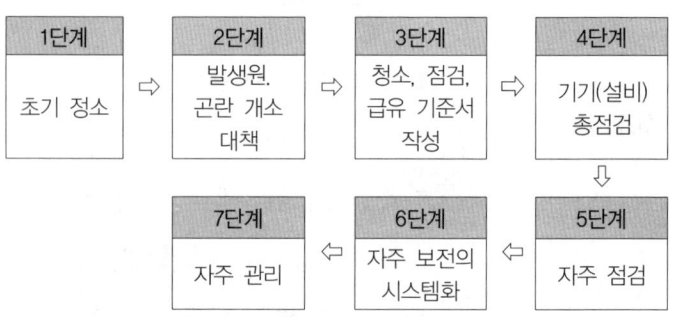

〈그림〉 자주 보전 활동 7단계

여기서 개별 개선 활동이란 자주 보전 활동과 연계하여 설비, 공정 등 특정 대상에 대하여 철저한 로스의 배제와 설비의 성능 향상에 대한 테마를 설정하여 개선 활동을 실시하는 것을 말합니다.

이것이 바로 기존의 분임조 기법을 거의 그대로 사용하여 특정 문제점에 대한 개선 활동을 실시하는 것입니다.

Q75 TPM 활동에서 개별 개선 활동 단계를 소개해 주세요.

A 일반적으로 개별 개선 활동은 정해진 별도의 단계에 따라 활동을 전개하는 것으로 되어 있으나 회사의 실정에 따라 활동 단계를 가감할 수 있습니다.

일반적인 개별 개선 활동의 단계와 각 단계에서의 주요 활동 내용, 적용 기법 등을 정리해 보면 다음 〈표〉와 같습니다.

〈표〉 개별 개선 활동 단계

단계	추진 단계명	주요 추진 내용	적용 기법
0 단계	문제점 분석	• 연도 문제점 분석 (라인별 설비 종합 효율을 분석) • MTBF, MTTR 분석	• 파레토도 • 신뢰성, 보전성 분석

1 단계	대상 과제 선정	• 대상 라인 선정 : 효율이 낮고 수평 전개 요소가 큰 라인
		• 대상 공정 및 테마 선정
		  - 가동 효율이 낮은 공정
		  - 수평 전개의 요소가 큰 공정
		  - 넥 공정, 로스가 큰 공정
		  - 상사 방침에 부합되는 공정
			• 매트릭스도법

2 단계	활동 계획 수립	• 개선 팀 편성 및 역할 분담 • 활동 단계별로 세부 일정 계획 수립	• 그래프 (간트 차트)
3 단계	현상 파악	• 로스의 발생 부위 조사 - 공정 능력 분석 및 기타 공정 전체에서 넥 공정 확인 • 불합리 사항의 적출 및 리스트업 • 설비의 기본 조건 및 6대 로스 파악	• 신뢰성, 보전성 분석 • QC 7가지 도구 • IE 기법 • VE 기법

4 단계	목표 설정	• 개선 목표의 설정
		  - 어느 수준까지 달성할 것인지 파악
		   현상 파악을 통해서 파악된 로스에 대한 제로화가 우선
		• 객관적으로 타당하고 달성 가능한 목표치 설정
			• 그래프

단계	추진 단계명	주요 추진 내용	적용 기법
5 단계	원인 분석	• 불합리 사항에 대한 원인 분석 - PM 분석 등 기법 활용 • 고유 기술의 활용	• PM 분석, • MQ 분석 • FMEA/ FTA • QC 7가지 도구
6 단계	개선 대책 수립	• 원인 분석 단계에서 발견된 요인에 대한 개선 대책 수립	• PM 분석 • FMEA • Know-Why 분석
7 단계	개선 대책 실시	• 중요도에 의해 우선 순위 결정 및 실시	• PM분석 • FMEA, W-W 분석 • 히스토그램
8 단계	효과 파악	• 결과와 목표와의 차이 분석	• 신뢰성, 보전성 분석 • 파레토도
9 단계	표준화 및 사후 관리	• 결과에 의거 각 기준서 재정비	• 관리도, 그래프

Q76 TPM 활동에서 추구하는 사항이 무엇인지요?

A TPM 활동이란 총체적인 설비 관리 활동을 추구하는 것을 말하며, 이는 TPM 정의에 해당합니다.

첫째, 생산 시스템 효율화의 극한을 추구(종합적 효율화)하는 기업의 체질 개선을 목표로 하여

둘째, 생산 시스템의 라이프 사이클 전체를 대상으로 '재해 제로, 부적합 제로, 고장 제로' 등 모든 로스를 예방하는 체제를 현장의 현물에 구축하고

셋째, 생산 부문을 비롯하여 개발·영업·관리 등의 모든 부문에 걸쳐

넷째, 최고 경영자로부터 현장 작업자에 이르기까지 전원이 참가하여

다섯째, 중복 소집단에 의해 '로스의 제로화'를 달성하는 것입니다.

Q77. TPM 활동을 하게 되면 주로 어떤 일들을 하는 것인지, 그 종류들에 대해 알려 주세요.

TPM 활동의 종류와 내용을 정리해 보면 다음 〈표〉와 같습니다.

〈표〉 TPM의 주요 활동

항 목	목 표	실시 내용
5행 활동	• 질서 있고 깨끗한 직장 • 눈으로 보는 관리가 가능한 직장 구현	• 필요품 및 불용품 구분 처리 • 필요품의 가지런한 정렬 및 눈으로 보는 정돈 활동 실시 • 청소·청결의 생활화
자주 보전 활동	• 설비에 강한 오퍼레이터 육성 • 설비에 대한 사고와 오퍼레이터의 행동 변화 • 자신의 설비는 자신이 지키는 자주 보전 의식 고취	• 기본 조건의 정비(청소, 급유, 더 조이기) • 철저한 점검에 의한 사고 예방 • 소집단 개선 활동 • 눈으로 보는 자주 보전 활동 • 자주 보전 능력 배양

항목	목표	실시 내용
개별 개선 활동	• 설비 6대 로스 배제 • 고장 부적합 '0' 실현 • 고유 기술과 개선 능력 향상	• 6대 로스 및 설비 종합 효율 관리 • 돌발 로스의 개선 • 현장 개선 및 관련 요인 재검토 • 개선 활동 능력 배양 • 분임조 및 TFT 활동 • 고장 부적합 만성 로스 개선
계획 보전 활동	• 설비 가동률의 극대화 • 전문 보전 체제 구축 • 전문 보전 능력 향상	• 자주 보전, 개별 개선의 지원 • 전문 보전 체계 확립 • 설비 진단 기술 개발 및 고장 해석과 재발 방지 대책 수립 • 보전 작업의 효율화

초기 유동 관리 활동	• 설비 생산성의 극대화
	• 설비 초기 유동 관리 체제 확립
	• 최적의 공정 및 생산 방식 제공
		• 설비 제품의 관리 체제 확립
		  - 설비 투자 경제성 평가
		  - MP 설계 목표의 설정

품질 보전 활동	• 4M의 조건 설정 및 관리도 부적합 '0' 실현 • 최적 공정 조건 설정 및 정밀도 관리	• 설비와 품질과의 관계 분석 • 설비의 조건 설정 및 유지 관리 • 설비 및 관련 기기 정도 관리
안전, 보건 및 환경 보전 활동	• 쾌적한 작업 환경 • 무재해 공장 달성 • 환경 관리 종합 운영 시스템 구축	• 무재해 운동 추진 • 안전. 보건 관리 체계 수립 및 실시 • 환경 관리 종합 운영 시스템 개발

항 목	목 표	실시 내용
		• 환경 보전 실시, 환경 설비 고장 '0' • 산업 안전 예방 기반 구축
사무 간접 부문 효율화 활동	• 간소화, 표준화, 효율화의 지속 유지 • 사무 간접 부문 효율화 향상	• 파일링 시스템, 사무실 5행 활동 업무 기능 전개, 사내 표준화, 지식 관리 체계 수립 실시 • 업무의 개선(간소화, 효율화) • 업무 표준의 재정비 및 유지 개선
TPM 교육 훈련 활동	• TPM 교육 훈련 체계 확립 • 기능 레벨업	• TPM 마인드 교육 • 기능 교육장 운영 • 보전 기능의 레벨업 교육 훈련 • 전문화 교육 실시

Q78 자주 보전 7단계의 세부 추진 방법에 대해 알려 주세요.

A 자주 보전 활동에 대한 각 단계별 주요 추진 내용과 관련 양식을 다음 〈표〉와 같이 간략히 정리해 드리오니, 좀 더 구체적인 자료는 관련 서적을 참조하시기 바랍니다.

〈표〉 자주 보전 7단계 추진 방법

단계	단계명	추진 내용	사용 양식	비 고
0	5행(5S) 활동	• 정리 • 정돈 • 청소 • 청결 • 습관화	• 불요 불급품 정리 대장 • 담당 구역 청소 계획표 • 정점 촬영 시트 • 눈으로 보는 관리 항목 조사표	면책 구역 설정 및 운영 기준 필요
1	초기 청소	• 정점 촬영 • 청소 계획 수립	• 청소 항목 조사표 • 설비 청소 계획서	설비 구조 이해 및 청소

단계	단계명	추진 내용	사용 양식	비고
		• 청소 실시 • 청소 가기준 설정 • 연간/월간 설비 관리 계획서 작성	• 눈으로 보는 관리 항목 조사표 • 불합리 적출 리스트 • 고장 발생 추이 그래프	방법 교육 필요
2	발생원. 곤란 개소 대책	• 발생원 조사 • 발생원 대책 실시 • 곤란 개소 조사 • 곤란 개소 대책 실시 • 정점 촬영	• 발생원 지도 시트 • 발생 부위 조사 및 대책표 • 곤란 개소 조사 및 대책표 • 원인 분석 시트 • 개선 대책 시트	'발생원 및 곤란 개소 대책' 추진 매뉴얼 작성
3	청소. 점검. 급유 기준서 작성	• 설비 교육 (One Point Lesson) • 청소, 점검, 정비 기준서 작성 • 윤활 교육 • 급유 기준서 작성 • 설비 관리 기준서 종합 정리	• ○○설비 고장 로스 저감 대책서 • 고장 이력 시트 원인 분석 및 개선 대책 시트 • 윤활 관리 현황 조사표 • 윤활유 호환 유종표 • 설비 관리 기준서	설비 관리 기준서 (청소, 정검, 정비, 급유 기준 설정)
4	기기(설비) 총점검	• 총점검 대상 설비 선정 • 총점검 방법 교육 실시 • 불합리 조치 • 설비 관리 기준서 보완	• 자주 보전 가이던스 시트 • One Point Lesson 시트 • 설비 현황 조사 일람표 • 설비 총점검 체크 시트	
5	자주 점검	• 자주 점검 기준서 작성 • 눈으로 보는 관리 추진 • 사용 부문과 보전 부문 업무 분담 명확화	• 자주 점검 기준서 • 개선 대책서	

단계	단계명	추진 내용	사용 양식	비고
6	자주 보전의 시스템화	• 현장 관리 항목의 표준화 • PM 분석 • 설비의 정도 점검 • 추진 현황 게시판 관리 실시	• 각종 설비 관리 기준 표준서 • 자주 보전 시스템 진단서	1~5단계까지의 자주 보전 유지 단계
7	자주 관리	• 준비 시간 최소화 추진 • 불필요한 대상물 제거 • 품질 부적합 최소화 • 작업 표준 개정	• 작업 표준서 • 분임조 활동 일지 • 분임조 활동 사례집	

Q79 QC 분임조와 TPM 분임조의 차이를 알고 싶습니다.

A QC 분임조나 TPM 분임조 모두 기업의 품질과 생산성 향상을 추구하는 활동이라는 것에는 차이가 없습니다. 단지 중점 관리 대상이 QC 분임조는 품질인 반면에, TPM 분임조는 설비라는 것 때문에 작성 내용에 다소 차이가 있을 뿐입니다.

QC 분임조와 TPM 분임조의 특징을 〈표〉로 정리하면 다음과 같습니다.

〈표〉 QC 분임조와 TPM 분임조의 특징

구 분	QC 분임조	TPM 분임조
목 적	기업의 체질 개선	사람·설비의 체질 개선
관리 대상	품질 (아웃풋측 - 결과)	설비 (인풋측 - 원인)
활동 지향	관리의 체계화 (소프트 지향)	현장·현물의 본래 모습 실현 (하드 + 소프트 지향)
사용 기술	관리 기술 중심 (QC 수법)	고유 기술 중심 (설비 기술, 보전 기능)
활동 방법	자주적인 분임조 활동	직제 활동과 소집단 활동의 일체화(중복 소집단)
목 표	PPM 수준의 품질	로스, 낭비의 철저 배제 (제로화 지향)

Q80 자주 보전 단계와 개별 개선 단계의 현황판 정리 방법을 알려 주세요.

A 현장 오퍼레이터의 TPM 활동은 크게 자주 보전 단계와 개별 개선 단계의 순서에 따라 진행되며 각 단계는 다음과 같습니다.

또한 활동 현황판은 회합, 원 포인트 레슨(OPL : One Point Lesson)과 같이 TPM 소집단 활동에서 '3종의 신기(神器)'라고 불릴 만큼 중요한 요소입니다.

활동 현황판에는 전원이 활동 경과를 한눈에 알 수 있도록 커다란 글씨나 색 테이프 등을 사용하여 다음에 대한 활동 상황을 표시합니다.

1) 테마   2) 목적   3) 목표   4) 전개 방법
5) 스케줄 6) 역할 분담 7) 성과 평가

특히 성과 평가 사항은 6대 로스(고장 로스·준비, 교체, 조정 로스, 공회전, 잠깐 정지 로스, 속도 저하 로스, 공정 부적합 로스, 초기 수율 저하 로스)나 8대 로스(계획 보전 로스, 생산 조정 로스, 설비 고장 로스, 프로세스 고장 로스, 정상 생산 로스, 비정상 생산 로스, 공정 부적합 로스, 재가공 로스), 설비 종합 효율, 시간 가동률, 성능 가동률 등의 추이를 기록하는 것이 좋습니다.

단계	자주 보전 단계	개별 개선 단계
	수행 단계	수행 단계
0	3행 활동(정리, 정돈, 청소)	문제점 파악
1	초기 청소	대상 과제 선정
2	발생원. 곤란 개소 대책	활동 계획 수립
3	청소, 급유 점검 기준서 작성	현상 파악
4	총 점 검	원인 분석
5	자주 점검	목표 설정
6	자주 보전의 시스템화	대책 수립 및 실시
7	자주 관리 철저	효과 파악
8		표준화 및 사후 관리
9		수평 전개

〈그림〉 자주 보전과 개별 개선의 순서

Q81

요즘 설비 종합 효율에 관심이 있는데, 계산식과 관련 데이터를 어떻게 구하는지 궁금합니다. 나름대로의 표준 시간은 가지고 있습니다.

A 설비의 종합 효율이란 설비의 종합적인 이용도를 나타내는 것으로 설비 투자에 대한 설비의 부가 가치 창출 능력을 의미합니다.

이에 대한 산출식은 다음과 같습니다.

> 설비 종합 효율 = 시간 가동률 × 성능 가동률 × 양품률

여기에서 시간 가동률 = (가동 시간 / 부하 시간) × 100(%)

성능 가동률 = [이론 사이클 타임 × (생산 수량 / 가동 시간)] × 100(%)

양품률 = (양품 수량 / 투입 수량) × 100(%)

귀하의 질문이 설비 종합 효율 산출을 위한 데이터 수집을 어떻게 해야 하는지 대하여 관심이 많은 것 같아 이를 중점적으로 설명 드리겠습니다.

첫째, 시간 가동률을 산출하기 위해서는 부하 시간과 가동 시간을 알아야 합니다.

부하 시간이란 설비가 제품을 생산하도록 계획된 시간입니다. 즉 회사에 출근하여 근무 시간 중 설비를 가동시켜야 할 시간으로 1일 작업 일지를 참고하여 수집하면 됩니다.

가동 시간이란 설비가 가동되어야 할 부하 시간 중에서 정비 시간을 제외한 순수한 운전 시간으로 설비가 가동해야 할 시간에서 수리 또는 PM을 위하여 정지한 시간을 빼면 됩니다. 이는 제조 설비 관리 대장에서 수집하면 됩니다.

둘째, 성능 가동률을 산출하기 위해서는 이론 사이클 타임, 생산 수량, 가동 시간을 알아야 합니다.

이론 사이클 타임이란 설비가 최적의 상태에서 단위 제품을 생산하는데 소요되는 시간으로 작업 표준, 귀사가 가지고 있는 표준 시간, 설비 사양서 등을 참조하면 됩니다. 가동 시간은 앞에서 설명하였으며 생산 수량은 작업 일지에 나와 있겠죠.

셋째, 양품률이란 말 그대로 해당 설비에서 생산한 수량에서 양품 수량의 비율을 말합니다. 작업 일지나 검사 일지에 나와 있을 것입니다.

기타 설비 종합 효율과 관련하여 많이 나오는 용어에 정미 가동 시간과 가치 가동 시간이 있는데 이에 대한 의미는 다음과 같습니다.

- 정미 가동 시간 : 설비가 실제로 생산에 기여한 시간으로 제품 생산에 소요된 시간(이론 사이클 타임 × 생산 수량)
- 가치 가동 시간 : 설비가 양품을 생산하는데 소요된 시간(이론 사이클 타임 × 양품 생산 수량)

Q82

어떤 제품을 사용하다가 몇 번 고장이 나 수리를 하였다. 이 제품이 완전 고장(수리 불가 고장)이 났을 때 MTBF는 어떻게 추정하는 건가요?

A MTBF(Mean Time Between Failures)란 평균 고장 간격 시간의 의미로, 그 제품의 신뢰성을 나타내는 지표로 사용됩니다.

MTBF를 구하는 방법은 어떤 기간에서 제품의 총 동작 시간(T)을 총 고장 횟수(r)로 나눈 값으로 추정합니다.

식으로 표현하면 다음과 같습니다.

$$MTBF = \frac{총\ 동작\ 시간}{총\ 고장\ 횟수} = \frac{T}{r}$$

예를 들어, 어떤 제품이 600시간 동작 중에 3회의 고장이 발생했다면 그 기간의 MTBF는 600/3 = 200시간이 되는 것입니다.

참고적으로 MTBF라는 개념은 수리 가능 시스템(수리

계)에서 사용하며, 만약 형광등과 같이 한 번 고장 나면 수리가 불가능한 비수리계에서는 제품의 동작 개시 후 고장 날 때까지의 시간을 총 수명 시간으로 하여 MTTF(Mean Time To Failures)로 표시합니다.

Q83 6시그마가 무슨 뜻인지 쉽게 이해할 수 있게 알려 주세요.

A 시그마(sigma : σ)란 그리스 알파벳 24개 글자 중 18번째 글자에 해당하며, 통계학에서는 이를 표준 편차(standard deviation)를 나타내는 기호로 사용하고 있으며, 6시그마(six sigma)란 규격 상한(USL : Upper Specification Limit)과 규격 하한(LSL : Lower Specification Limit)이 있는 경우, 단기적으로 볼 때 규격 중심으로부터 규격 상한(또는 하한)까지의 거리가 표준 편차(σ)의 6배 거리에 있다고 하는 의미입니다.

이 경우 규격 밖에 데이터가 존재할 확률은 100만 개 중 0.002개(0.002ppm)로 매우 적은 수준이 됩니다.

그러나 여기서 한 가지 착안할 사항은 상기의 경우는 규격의 중심과 현장에서 수집된 데이터의 평균치($\bar{x}$)가 일치

될 경우이나, 실제의 경우는 규격 중심치(목표 : μ)와 데이터 평균치($\bar{x}$) 간에는 다소의 편차가 항상 발생하게 됩니다.

μ와 $\bar{x}$ 간의 편차가 1.5σ라고 가정하고 통계적으로 접근하는 기법이 바로 6시그마 이론입니다. 이 경우 규격 밖에 데이터가 존재할 확률은 100만 개 중 3.4개(3.4ppm)로 변하게 됩니다.

즉 일반적으로 6시그마 수준이라 하면 100만 개 생산품 중 3.4개의 부적합이 발생하는 수준으로 이해하면 됩니다.

Q84 현장 데이터를 취합한 후 표준 편차를 구하는 방법에 대해 알려 주세요.

A 대체적으로 현장에서 어려워하는 것이 수치 관리입니다. 조금만 이해하면 그다지 어려운 것은 아닌데, 수치 관리는 복잡하다는 선입견을 갖고 이를 이해해 보려고 노력 조차하지 않는 것도 이유가 되기는 합니다.

표준 편차라는 것에 대하여 예를 들어 설명을 드리겠습니다.

현장에서 7개의 제품을 뽑아서 길이를 측정한 결과 다음과 같았습니다.

18.8　18.6　18.4　18.2　18.3　19.3　18.8

이들의 길이의 평균은

평균($\bar{x}$) = $\Sigma x_i / n$ =

(18.8+18.6+18.4+18.2+18.3+19.3+18.8)=130.4÷7

= 18.6286

이 됩니다.

여기서 표준 편차라는 의미는 현재 구한 평균값($\bar{x}$)을 기준으로 각 데이터 값들의 차이를 모두 더해서 평균한 값을 의미하는 것입니다.

그런데 평균값($\bar{x}$)을 기준으로 각 데이터 값들의 차이를 모두 더하면 제로가 되기 때문에, 편법으로 평균값을 기준으로 각 데이터 간의 차이를 제곱한 후 다시 루트를 씌워 계산하게 됩니다. 이는 어떤 값에 제곱을 한 후 다시 루트를 씌우면 원래의 값이 되는 원리를 사용하는 것이지요.

예를 들어, 데이터가 1, 3, 5라는 3개의 값이 있을 경우 평균은 당연히 3이 되며, 평균을 기준으로 각 데이터의 차이에 합을 구하면 $\Sigma(3-1)+(3-3)+(3-5)=2+0+(-2)=0$이 되기 때문에

$$표준\ 편차(s) = \sqrt{\Sigma(3-1)^2+(3-3)^2+(3-5)^2/3-1}$$
$$= \sqrt{4} = 2$$

로 구합니다.

즉, 표준 편차를 구하는 공식은 평균값을 기준으로 각각 데이터와의 차이를 구해 제곱하여 더한 후 이들의 평균값에 다시 루트를 씌우는 형식을 취하게 됩니다. 따라서

$$\text{표준 편차}(s) = \sqrt{\Sigma(x_i - \overline{x})^2/n-1}$$

의 공식이 성립하게 됩니다.

앞에서 예로 제시한 7개 데이터의 표준 편차 값을 구해 보면

$$\text{표준 편차}(s) = \sqrt{\Sigma(x_i - \overline{x})^2/n-1} = 0.3773$$

이 됩니다.

즉 이 뜻은 평균값($\overline{x}$ =18.6286)을 기준으로 각각의 데이터의 차이들에 평균값은 0.3773이라는 의미가 됩니다.

Q85 6시그마 활동과 분임조 활동의 차이는 무엇입니까?

A 1987년 미국 모토로라에서 시작된 6시그마가 국내에 도입 후 급속도로 확산되어 이제는 어느 정도 정착기에 접어든 상황입니다

이는 6시그마가 국내 기업의 품질 관리 수준을 한 단계 레벨업시키는데 크게 기여하고 있음을 알 수 있습니다.

하지만 새로운 기법이 들어오면 기존의 개선 활동 기법을 마치 골동품처럼 인식하는 그릇된 사고 또한 배제되어야 합니다.

모든 기법은 문제를 접근하고 풀어나가는 전개 방식이 다소 상이할 뿐 궁극적인 목적은 동일할 수밖에 없기 때문입니다.

6시그마의 문제 해결 과정을 살펴보면 정의(Define) →

측정(Measure) → 분석(Analyze) → 개선(Improve) → 관리(Control)의 5단계로 구분하여 추진하도록 되어 있지만, 기존의 품질 분임조 활동 단계와 비교하면 다소의 표현 방법만 상이할 뿐 거의 비슷합니다.

  단지 모든 문제를 고객 지향적 사고에 의해 판단하고 데이터의 정확성을 확보하기 위하여 통계적인 기법 사용이 필수적이라는 것에 다소 차이가 있습니다.

  6시그마 활동과 품질 분임조 활동의 연관 관계를 이해하기 위하여 서로의 추진 단계를 도식화하여 비교하면 다음 〈그림〉과 같습니다.

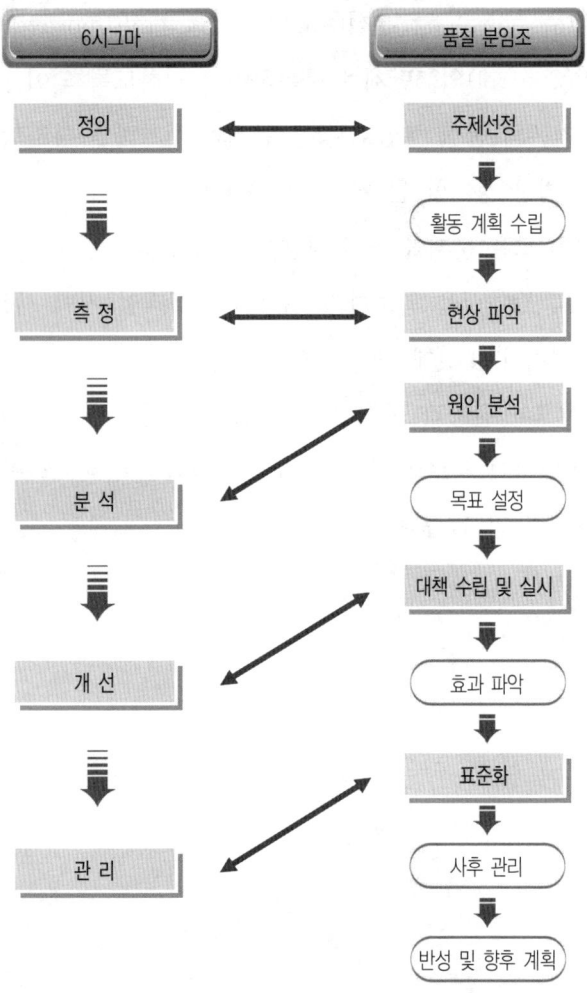

〈그림〉 6시그마 활동과 분임조 활동의 비교

Q86 6시그마에서의 문제 해결 추진 방법을 분임조 활동과 비교하여 알고 싶습니다.

A 기존의 품질 분임조 활동은 문제 해결을 10단계를 통하여 실행한 반면 6시그마에서는 5단계로 실시하고 있습니다.

5단계로 실시한다고 해서 특별히 기존의 문제 해결 방법과 다른 것이 있느냐 하면 그렇지도 않습니다. 단지 차이가 있다면 품질 분임조 활동은 분임조원의 경험이나 간단한 수치 가공에 의하여 문제를 해결한 반면에, 6시그마에서는 추진 단계마다 통계적인 기법을 활용하여 문제를 좀 더 과학적으로 해결하는 것에 다소 차이가 있다고 할 수 있습니다.

6시그마의 문제 해결 원리를 간략히 정리하면 다음 〈표〉와 같습니다.

〈표〉 6시그마와 품질 분임조 문제 해결 단계 비교

NO	품질 분임조	6시그마	6시그마 추진 내용
1	주제 선정	1. 정의	고객의 핵심 요구 사항(CTQ)을 프로젝트로 선정
2	활동 계획 수립		
3	현상 파악	2. 측정	문제 현상에 대한 정량적 파악 및 측정 시스템 분석(필요 시)
4	원인 분석	3. 분석	문제를 발생시키는 잠재 요인 발굴 및 통계적 분석을 통한 핵심 요인(vital few) 선정
5	목표 설정		
6	대책 수립 및 실시	4. 개선	핵심 요인의 최적 조건 설정
7	효과 파악		
8	표준화	5. 관리	프로젝트 시행 후 재무적 성과 및 사후 관리 방안 수립
9	사후 관리		
10	반성 및 향후 계획		

Q87 6시그마 활동에서 주제를 선정할 때의 적절한 방법을 알려 주세요.

 6시그마의 주제(프로젝트) 선정 방법은 정의 단계에서 실시하며, 이는 크게 3단계로 이루어집니다.

첫째, 프로젝트 선정 배경 기술

해당 프로젝트가 왜 중요한지, 이 프로젝트를 왜 해야 하는지, 이 프로젝트를 해결하는 것이 고객들에게 어떤 의미가 있는지 등을 살펴보는 비즈니스 기회 분석을 실시합니다.

둘째, 고객 정의 및 요구 파악

고객의 소리(VOC : Voice of Customer), 즉 고객이 요구하는 것은 무엇인가, 또 회사의 소리(VOB : Voice of Business), 즉 회사에서 요구하는 것은 무엇인가를 파악합니다.

셋째, CTQ 도출 및 팀 차트 작성

품질 핵심 요구 사항(CTQ : Critical to Quality)을 찾아내고 이를 근거로 프로젝트를 선정합니다.

마지막으로 전체적인 팀 차트(추진 배경, 문제 기술, 목표 기술, 프로젝트 범위, 추진 일정, 팀 구성)를 작성합니다.

특히 현장의 분임조 활동에 익숙했던 분임조원들께서는 너무 6시그마 형식에 얽매이지 말고 주제 선정(프로젝트)을 하는 것이 무방합니다.

주제 선정 방법은 〈그림 1〉과 같이 VOC와 VOB를 통하여 CTQ를 찾은 후, 이를 근거로 〈그림 2〉와 같이 프로젝트 평가표를 작성하여 주제를 선정하면 됩니다.

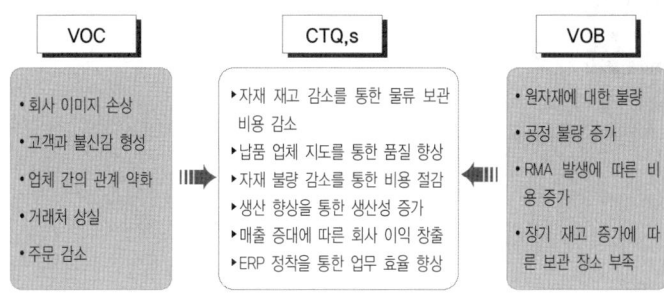

〈그림 1〉 CTQ 도출 방법(예)

프로젝트 선정 평가표

범례
- 가중치: 매우 중요(10) ─── 보통(5) ─── 전혀 중요치 않음(1)
- 관련성: ◎ : 크다(5)   ○ : 보통(3)   △ : 낮다(1)

NO	평가항목 프로젝트 제목	예상 효과	시급성	해결 가능성	고객 만족 기여도	불량률	측정 가능성	종합 점수	순위
	가중치	10	5	5	9	10	7		
1	재고 감소를 통한 물류 비용 절감	○ 30	◎ 25	◎ 25	○ 27	◎ 50	◎ 35	192	1
2	자재 불량 감소를 통한 비용 절감	○ 30	○ 15	○ 25	○ 27	◎ 50	◎ 35	182	2
3	납품 업체 지도를 통한 품질 향상	○ 30	△ 5	○ 15	○ 27	○ 30	○ 21	128	3
4	ERP 정착을 통한 업무 효율 향상	○ 30	○ 15	○ 15	△ 9	△ 10	◎ 35	114	4

〈그림 2〉 프로젝트 선정 평가표(예)

Q88 6시그마의 구체적인 교육 방법에 대해 알려주세요.

A 6시그마 교육은 다른 교육과 달라 반드시 이론과 실습이 병행되어야 합니다.

실습이 병행되어야 하는 이유는 다른 교육보다 통계적 이론이 많이 다루어져야 하는데 통계 이론은 강사로부터 들을 때는 이해가 되는 것 같지만, 막상 실무에서 적용하려다 보면 수집된 데이터를 어디서부터 어떻게 가공해야 할지 막막한 경우가 많기 때문입니다.

또한 모든 통계적인 처리가 요즘은 미니탭이란 통계 패키지 프로그램을 사용해야 하므로 프로그램 사용법 또한 실습을 통하여 사전에 연습을 해야 합니다.

6시그마에 대한 효율적인 교육 방법을 몇 가지로 정리하면 다음과 같습니다.

첫째, 6시그마 기본 이론을 충분히 이해시킵니다.

6시그마가 무엇을 의미하는 것이며, 왜 6시그마를 해야 하는지를 기존의 품질 관리 방법들과 비교하여 설명하면 좋습니다.

둘째, 각 단계별로 무엇을 해야 하는지를 명확히 합니다.

6시그마는 일반적으로 정의 → 측정 → 분석 → 개선 → 관리의 5단계를 수행합니다. 또한 각 단계별로 무엇을 수행하고 수행한 결과 무엇을 얻을 수 있는지를 이해시킵니다.

셋째, 각 단계별로 교육과 프로젝트 수행을 병행합니다.

수강생에게 본인(팀)의 업무와 관련된 프로젝트를 하나씩 선정하게 하고, 단계별 교육이 완료되면 일정 기간 시간을 두고 해당 단계를 실행하도록 과제를 부여합니다.

넷째, 단계별 평가를 실시합니다.

각 단계별 프로젝트 수행 결과를 발표하게 하고 자문을 합니다. 이를 통하여 이론과 실무 적용상의 갭(gap)을 파악하고 미흡한 부분은 보충을 합니다. 또한 해당 단계에 대한 수료 평가 시험도 실시하여 이론적인 숙지 정도를 파악합니다.

다섯째, 종합 발표회를 실시합니다.

모든 단계가 종료되면 프로젝트 선정에서부터 사후 관리까지의 전 과정 실행 사항에 대한 발표를 별도로 기획하여 가능하면 대표이사나 공장장 등이 참석한 가운데 종합 발표회를 실시하는 것이 효과적입니다.

더불어 이론 시험과 실무 진행 사항에 대한 내용을 종합적으로 평가하여 소정의 자격(그린벨트, 블랙벨트 등)도 부여합니다. 자격을 부여한다는 것은 개개인의 프로젝트 수행 능력을 판단하는 기준도 되지만, 회사 차원에서 6시그마 활동을 활성화하고 체계적으로 운영하는데 촉진제 역할을 합니다.

Q89

6시그마에서 ±1.5시그마 자연 변동을 고려했을 때와 고려하지 않았을 경우의 차이점에 대해 알고 싶습니다.

A 6시그마란 규격 상한(USL : Upper Specification Limit)과 규격 하한(LSL : Lower Specification Limit)이 있는 경우 단기적으로 볼 때, 규격 중심으로부터 규격 상한(또는 하한)까지의 거리가 표준 편차(σ)의 6배 거리에 있다고 하는 의미입니다.

이럴 경우 규격 밖에 데이터가 존재할 확률은 100만 개 중 0.002개(0.002ppm)로 매우 적은 수준입니다. 즉, 10억 개 물품에서 2개의 부적합이 발생한다는 의미로 해석하면 됩니다.

이를 알기 쉽게 도식화 하면 〈그림 1〉과 같습니다.

또한 현재의 상태를 공정 능력 지수(Cp)로 나타내면 다음 식과 같으며, 이를 단기 공정 능력 지수라 합니다.

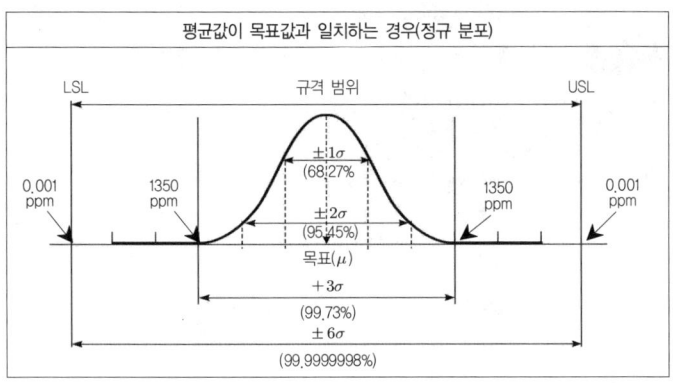

〈그림 1〉 시그마 수준별 불량률(Ⅰ)

$$Cp = \frac{\text{규격 상한} - \text{규격 하한}}{6 \times \text{표준 편차}} = \frac{6\sigma - (-6\sigma)}{6 \times \sigma} = \frac{12\sigma}{6\sigma} = 2$$

그러나 여기서 한 가지 착안할 사항은 상기의 경우는 규격의 중심과 현장에서 수집된 데이터의 평균값($\bar{x}$)이 일치될 경우이나, 실제의 우리들이 현장에서 제품 생산 과정에서 데이터를 수집하였을 경우 규격 중심값(목표 : μ)과 데이터 평균값($\bar{x}$) 간에는 항상 편차가 발생하게 됩니다.

μ와 $\bar{x}$ 간의 편차가 ±1.5σ(이를 자연 변동이라고도 함)라고 가정하고, 통계적으로 접근하는 방법이 바로 6시그마

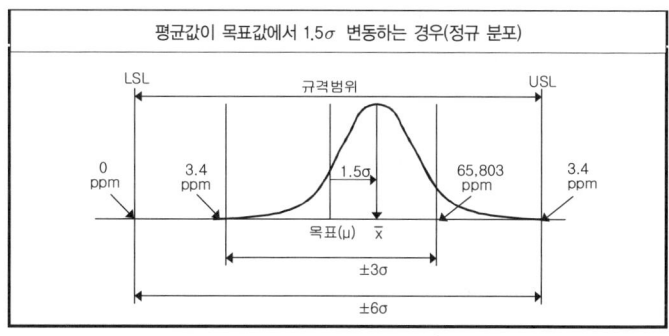

〈그림 2〉 시그마 수준별 불량률(Ⅱ)

이론이지요.

이 경우를 도식화하면 〈그림 2〉와 같습니다.

이 경우 공정 능력 지수(Cp)를 치우침을 고려한 공정 능력 지수라고 하며 Cpk라는 기호를 사용합니다.

$$Cpk = (1-k) \times Cp$$

$$\therefore k(치우침도) = \frac{\left|\dfrac{규격\ 상한 + 규격\ 하한}{2} - \overline{x}\right|}{\dfrac{규격\ 상한 - 규격\ 하한}{2}}$$

6시그마 이론에서의 치우침도(k)를 계산해 보면 다음과 같습니다.

$$k = \frac{\left|\frac{6\sigma + (-6\sigma) - 1.5\sigma}{2}\right|}{\frac{6\sigma - (-6\sigma)}{2}}$$

$$= \frac{|0 - 1.5\sigma|}{6\sigma} = \frac{1.5\sigma}{6\sigma}$$

$$= 0.25$$

즉, 6시그마 이론에서의 Cpk값은

$$Cpk = (1 - 0.25) \times 2 = 1.5$$

와 같이 변하게 되므로, 이를 6시그마 이론에 의거 공식화하면

$$Cpk = Cp - 0.5$$

와 같이 나타나게 되며, 이를 장기 공정 능력 지수라고 합니다.

결론적으로 정리해 보면 ±1.5시그마 자연 변동을 고려하지 않았을 경우에 6시그마 수준에서의 부적합품률은 0.002ppm으로 10억 개 중 부적합이 2개 정도 발생하지만, ±1.5시그마 자연 변동을 고려하였을 경우에는 3.4ppm으로 100만 개 중 3.4개(10억 개 중 3,400개)의 부적합이 발

생한다는 것입니다

참고로 ±1.5시그마 자연 변동을 고려했을 때와 고려하지 않았을 경우의 부적합품률(한쪽 규격을 벗어날 확률)을 서로 비교하여 볼 수 있도록 정리한 내용은 다음 〈표〉와 같습니다.

〈표〉 ±1.5시그마 변동 시의 부적합품률 비교표

Sigma Conversion Chart

	Centered (short-Time)			Shifted-1.5σ (long-Time)	
Sigma	Yield	PPM	Sigma	Yield	PPM
1.5	.93319277121	66.807	0.0	.50000000000	500.000
2.0	.97724993796	22.750	0.5	.69146246736	308.538
2.5	.99379032014	6.210	1.0	.84134474024	158.655
3.0	.99865003278	1.350	1.5	.93319277121	66.807
3.5	.99976732663	233	2.0	.97724993796	22.750
4.0	.99996831397	32	2.5	.99379032014	6.210
4.5	.99999659920	3.4	3.0	.99865003278	1.350
5.0	.99999971290	.29	3.5	.99976732663	233
5.5	.99999998096	.019	4.0	.99996831397	32
6.0	.99999999901	.001	4.5	.99999659920	3.4

Q90 6시그마에서 사용되는 소프트웨어 및 그 활용도에 대해 알려 주세요.

A 국내에서 개발된 통계 패키지도 있지만, 그래도 가장 많이 사용되는 소프트웨어는 미니탭입니다.

미니탭은 원래 기초 통계학을 수강하는 학생들을 위하여 1972년 미국 펜실베니아 주립대학에서 개발된 통계 프로그램이었지만, 공학, 사회학, 심리학, 경영학, 품질 관리 분야 등 자료의 분석을 통해서 연구하는 모든 분야에서 널리 사용되고 있으며, 최근 많은 기업에서 6시그마 활동이 전개되면서 6시그마 추진 시 필수 통계 소프트웨어로 자리잡게 되었습니다.

미니탭이 갖고 있는 기능은 기초 통계, 각종 그래프, 실험 계획 및 분석, 회귀 분석, 상관 분석, 관리도, 공정 능력 분석, 신뢰성 분석 등 현장이나 사무 분야에서 개선 활동 시 통계 처리가 필요한 기능을 모두 가지고 있습니다.

미니탭의 메뉴가 매우 많고 한 개의 메뉴에서도 다양한 옵션이 있기 때문에, 이것에 대한 활용 방법을 습득하기 위해서는 미니탭 서적이나 국내 교육 기관에서 실시하는 미니탭 활용 과정을 수강하기를 권장하며, 미니탭에서 사용할 수 있는 통계 처리 기능을 간략히 정리해 보면 다음 〈표〉와 같습니다.

〈표〉 미니탭 주요 기능

기 능	내 용
기초 통계	각종 통계량, 검·추정, 상관 분석, 공분산 분석, 카이제곱 검정 등
그래프 분석	히스토그램, 파레토도, 산점도, 상자그림 등
다변량 분석	주성분 분석, 요인 분석, 군집 분석 등
신뢰도 및 생존 분석	분포 분석, 생존 데이터의 회귀 분석, 수익 분석 등
시계열 분석	추세 분석, 추세 예측 등
실험 계획법	분산 분석, 회귀 분석, 요인 실험, 혼합물 실험, 반응 표면 분석, 다구치 방법 등
품질 도구	공정 능력 분석, 각종 관리도, 특성요인도, 게이지 R&R, 정규 검정, 검출력과 샘플 크기 등

Q91 '유의하다'는 말이 검·추정에서 많이 나오는데, 유의 수준의 의미에 대해 알려 주세요.

A 유의 수준(significance level)이란 모집단에서 시료를 채취하여 통계적으로 분석할 때 모집단을 추정해야 하기 때문에, 이 과정에서는 당연히 어느 정도의 오차가 수반될 수밖에 없습니다. 통계적으로 분석 시 귀무가설(H_0)과 대립가설(H_1)를 세우게 됩니다. 일반적으로 귀무가설이란 모집단에 변화가 없다는 것으로 정의하고, 대립가설은 모집단에 변화가 있다는 것으로 가정합니다. 이를 근거로 통계적 분석을 실시했을 때 귀무가설(H_0)이 옳은데, 귀무가설(H_0)이 옳지 않다고 판정한 확률(위험률이라고도 함)을 바로 유의 수준(α)이라고 정의합니다. 즉 $\alpha=0.05$라고 하는 말은 통계적 분석을 통하여 어떤 결론을 내릴 때, 잘못 판단을 내릴 확률을 5%까지는 포함한다는 뜻이 됩니다.

Q92 통계적 품질 관리에서 검정을 하는 이유는 무엇입니까?

A 검정이란 어떤 모집단의 가설(가정)을 설정하고, 가설의 성립 여부를 시료의 데이터로 판단하여 통계적인 결정을 내리는 것을 말합니다.

쉽게 말해서 어떤 제품의 품질을 개선하였는데 현재의 품질 특성치가 예전보다는 좋아졌지만, 이것이 실제로 좋아진 것인지 우연히 좋게 나타난 것인지를 직관적으로 결정내리기는 어렵습니다.

이럴 경우에 통계적인 기법을 사용함으로써 품질의 개선 여부를 쉽게 판정할 수 있습니다. 이것을 검정이라고 합니다.

좀 더 통계적인 용어를 사용하여 설명 드리면 개선된 품질 특성치(기준치를 μ라 할 때)가 개선 전 품질 특성치와 다른가의 검정을 다음과 같은 논리로 실시합니다.

최초에 품질 특성치는 기준치 μ와는 차가 없다고 생각한다.(이것을 귀무가설이라고 하고, 기호 H_0로 표시)

다음에 실제로 측정치를 취하여 이 가설이 옳다고 하기에는 이와 같은 결과가 나타날 확률 α(알파)가 너무나 작은 값으로 인정되면 처음의 가설 H_0를 버리고, 모평균은 기준치 μ와는 다르다(이것을 대립가설이라 하고, H_1로 표시)고 결론을 내리는 것입니다.

즉, 귀무가설 H_0를 버릴 것인지(기각) 혹은 채택할 것인지를 통계적으로 판단하는 것이 바로 검정인 것입니다.

예를 들어 형광등 제조회사의 QA 측정실에서 가정용 형광등의 평균 수명을 추정하기 위해, 9개의 형광등 수명을 단축 실험에 의해 조사한 결과 다음과 같은 데이터를 얻었다고 하였을 때, 형광등의 평균 수명이 1,100시간인가를 검정한다면 다음과 같이 합니다. 단, 모표준 편차는 10(단위 : 시간)이라고 가정합니다.

987, 1121, 997, 1020, 978, 1040, 982, 1050, 992

미니탭 프로그램을 사용하여 검정을 실시하면 다음과

같은 출력을 얻을 수가 있습니다.

- 결과 출력 : 미니탭 세션 창에 다음과 같은 결과가 출력됩니다.

```
Test of mu = 1100 vs mu not = 1100
The assumed sigma = 10

Variable         N      Mean     StDev   SE Mean
C1               9   1018.56     46.22      3.33

Variable          95.0% CI              Z       P
C1         ( 1012.02, 1025.09)     -24.43   0.000
```

이럴 경우에는 형광등의 평균 수명이 1,100시간이 아니라고 판정하면 됩니다.

통계적으로는 p값이 '0'이므로(0.05보다 작으므로) 귀무가설을 기각하는 것입니다.

Q93 회귀 분석에 대하여 알고 싶습니다.

A 회귀 분석(regression analysis)이란 변수들 간의 관련성을 규명하기 위하여 어떤 함수 관계를 가정하고, 데이터로부터 이 함수를 추정하여 예측 또는 통계적 추론을 하는 통계적 분석 방법입니다.

쉽게 말해 어떤 품질 특성치(y)에 대한 요인(x)과의 관계를 직선식(회귀 직선식)으로 표현하는 것을 말합니다

이때 품질 특성치(y)는 다른 변수의 영향을 받는 변수로서 종속 변수(dependent variable) 또는 반응 변수(response variable)라고 하고, 이와는 달리 요인(x)은 품질 특성치(y)에 영향을 주는 변수로서 독립 변수(independent variable) 또는 설명 변수(explanatory variable)라고 합니다.

예를 들어, 성형 라인에서 성형 시간(x)의 변화에 따라서 제품 강도(y)가 어떻게 변화하는지를 찾아내기 위해 회귀 분석을 실시하는 경우, 우선 성형 시간 변화에 따른 제품 성형 강도에 대한 산점도를 그려보면 다음 〈그림〉과 같습니다.

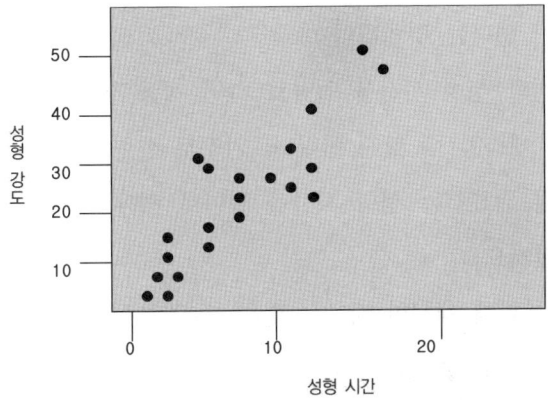

〈그림〉 성형 시간과 강도의 산점도 (예)

이에 대하여 상관 관계가 있다고 판정이 될 경우(실제적으로는 상관 분석을 실시) 이들 간에 대한 회귀분석을 미니탭 프로그램을 사용하여 실시해 보면 다음과 같은 출력이 나오게 됩니다.

> **Regression Analysis : 성형강도 versus 성형시간**
> The regression equation is
> 성형강도 = 5.66+1.82 성형시간

즉 성형 시간을 2라고 하면 성형 강도는

성형 강도(y) = 5.66 + 1.82 × 2 = 5.66 + 11.32 = 16.98이 된다는 것입니다.

이 결과 성형 시간을 얼마로 하면 제품 강도가 얼마가 될지를 예측할 수 있게 됩니다. 거꾸로 성형 강도를 얼마로 하기 위해서는 성형 시간을 얼마로 해야 하는지도 알 수 있겠지요.

단, 여기에 제시한 사례는 단순 회귀 분석이라 하여 품질 특성치에 영향을 미치는 인자(요인)가 한 개일 경우에 해당하며, 또한 이들 간의 상관 관계가 직선적일 때만 사용이 가능합니다.

> **Q94** 게이지 R&R 분산 분석 시의 미니탭 활용에 있어서 공차를 입력하는데, 공차의 규격이 ±로 정해져 있지 않은 Min/Max 값일 때 공차 기입 방법에 대해 알고 싶습니다.

A 우선 규격 중심치, 허용차 및 공차에 대한 이해가 필요할 것 같군요.

어떤 제품에 길이에 대한 규격이 10±0.1mm라고 되어 있다면 규격 중심치는 10mm가 되며, 허용차란 규격 중심치에서 규격 상한 및 규격 하한까지의 폭을 의미합니다.

앞의 예에서는 규격 상한까지의 허용차가 0.1mm, 규격 하한까지의 허용차가 0.1mm가 되는 것입니다.

다음으로 공차란 규격 상한에서부터 하한까지의 폭을 의미합니다.

앞의 예에서는 규격 상한이 10.1mm이고 규격 하한이 9.9mm이므로, 규격 상한에서 하한까지의 폭은 10.1mm ~ 9.9mm = 0.2mm가 되며 이것이 공차가 되는 것이지요.

귀사의 규격이 Min(최소치)/Max(최대치)로 주어져 있다는 것은 공차 = Max − Min로 계산하면 되는 것이지요.

이렇게 계산된 공차값을 〈그림〉과 같이 미니탭 프로그램에 입력하면 됩니다.

〈그림〉의 공정 공차란에 규격 공차값을 넣으면 제품 규격 대비 측정 시스템 변동을 계산하여 %공차(%SV=(SV/공차)×100)가 출력되며, 다음 〈표〉와 같이 측정 시스템의 변동 발생 요인에 대한 분산 분석 결과도 확인할 수가 있습니다.

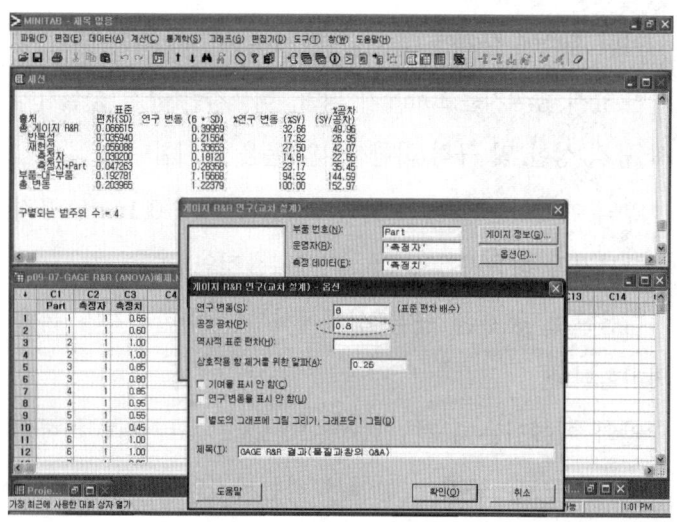

〈그림〉 게이지 R&R 공차 입력

〈표〉 측정 시스템 분산 분석 결과

게이지 R&R

출 처	분산 성분	% 기여(분산 성분의)
총 게이지 R&R	0.0044375	10.67
반복성	0.0012917	3.10
재현성	0.0031458	7.56
측정자	0.0009120	2.19
측정자 × Part	0.0022338	5.37
부품-대-부품	0.0371644	89.33
총 변동	0.0416019	100.00

공차

출 처	편차 (SD)	연구 변동 (6 × SD)	% 연구 변동 (%SV)	(SV/공차)
총 게이지 R&R	0.066615	0.39969	32.66	49.96
반복성	0.035940	0.21564	17.62	26.95
재현성	0.056088	0.33653	27.50	42.07
측정자	0.030200	0.18120	14.81	22.65
측정자 × Part	0.047263	0.28358	23.17	35.45
부품-대-부품	0.192781	1.15668	94.52	144.59
총 변동	0.203965	1.22379	100.00	152.97

※ 구별되는 범주의 수 = 4

Q95 6시그마 활동을 추진하려고 하는데, 무엇부터 어떻게 해야 되는지 알려 주세요.

A 6시그마 활동이 국내 많은 기업에서 도입되어 괄목할만한 많은 성과를 이루어내고 있는 것이 사실이지만, 일부 기업에서는 도입을 위한 사전 준비를 너무 소홀히 한 탓에 6시그마 활동이 제대로 정착되기도 전에 흔적도 없이 사라지는 기업도 있습니다.

이는 새로운 시스템을 도입하기 전에 철저한 사전 검토와 준비가 얼마나 필요한 것인지를 보여주는 단적인 사례이기도 합니다.

6시그마 활동을 실패한 대부분의 기업은 '씨 뿌리는 노력조차 하지 않은 채 수확을 기다리는' 우매한 사고를 가진 경우였습니다.

이 세상에 어떤 획기적인 경영 혁신 기법도 노력 없이

효과가 나타나는 경우는 절대로 없습니다. 특히 6시그마는 경영자 주관 아래 모든 부문이 전력 투구하지 않으면 성공하기 어려운 활동입니다.

6시그마 활동을 성공적으로 수행하기 위하여 추진해야 할 사항을 정리해 드리니 참고하시기 바랍니다.

첫째, 6시그마 이론에 대한 교육 훈련입니다.

기존의 다른 기법에 비하여 6시그마는 통계적으로 많은 문제를 해결해야 함으로써 문제 해결 단계 및 통계적 품질 관리 이론을 충분히 학습해야 합니다.

둘째, 6시그마 추진 조직(소기업은 전담자) 구성입니다.

6시그마 프로젝트에 대한 등록·단계별 평가·포상에 대한 절차 수립, 교육 기획, 미니탭 프로그램 보급, 우수 사례 제공, 우수 기업 벤치마킹, 가시 관리 등 6시그마 추진 조직에서 해야 할 일은 무궁무진합니다.

특히 6시그마에 대한 가시 관리는 6시그마를 홍보하고 선의적인 경쟁을 유도하는 데 큰 효과를 발휘할 수 있습니다.

셋째, 정기적인 활동 결과 발표회 실시입니다.

활동 결과 발표회는 각 부문 간에 활동 방법이나 개선

내용을 공유할 수 있는 장(場)이 마련될 수 있으며, 특히 중요한 의미는 회사 경영자를 모시고 활동 결과를 발표함으로써 6시그마 활동에 적극적인 지원을 받을 수 있는 좋은 기회이기도 합니다. 여건이 된다면 발표회를 할 때 외부 전문가를 모시고 활동 결과에 대한 자문을 얻는 것을 권고하고 싶습니다.

Q96 6시그마를 현장에 적용하는데 어려움이 많은데, 좀 더 쉽게 적용할 수 있는 방법은 없을까요?

 6시그마를 현장에 적용하는 것은 크게 2가지 방법으로 접근할 수 있을 것 같습니다.

첫째 귀사가 분임조 활동을 하고 있는 경우라면 기존의 분임조 활동 단계에 6시그마 기법을 접목하면 될 것이며,

둘째, 분임조 활동을 하지 않고 있는 경우라면 6시그마 개선 단계를 기준으로 6시그마 도구의 난이도를 낮추어 적용하면 될 것 같습니다.

즉, 기존의 분임조 활동 단계를 그대로 유지하면서 6시그마에서 요구하는 사항이 현재의 분임조 활동에 어디와 같은 부분인지를 우선 이해하고, 그 단계에서 6시그마에서 사용하는 도구를 추가로 사용하면 됩니다.

추가로 사용할 도구는 일반적으로 Q-Cost, FMEA, 검

· 추정, 실험 계획법 정도인데, 이 기법들 내용 중 아주 기초적인 부분만을 이해하여 적용하면 됩니다.

다음으로 분임조 활동을 하고 있지 않는 경우라면 우선 현장에서 발생하고 있는 데이터(부적합품률, 수율, 검사 항목별 검사 결과치 등)를 가능한 많이 취합해 두세요.

6시그마 활동을 하기 위해서는 모든 현상이 수치화되어야 하기 때문입니다.

6시그마의 장점은 기존에 우리가 개인적인 경험이나 감성으로 판단하던 결론을 통계적 이론을 사용하여 명확한 해답으로 제시하는데 강점이 있습니다.

그리고 문제 해결 순서는 정의 → 측정 → 분석 → 개선 → 관리의 5단계를 학습하여 적용하시기 바랍니다.

Q97 품질 경영 활동과 6시그마 활동의 차이점을 알고 싶습니다.

A 6시그마란 미국 일리노이 주 샤움버그에 있던 모토로라에서 1987년 '삐삐' 제품 생산 시 품질 향상을 기하기 위하여 엔지니어이며 통계학자인 마이클 헤리(Mikel Harry)가 사내에서 개발한 기법으로, 생산 품질 목표를 3.4ppm, 즉 100만 개 제품을 생산 시 3.4개의 부적합만을 허용한다는 것이지요. 그야말로 무결점(zero defects) 생산 방식을 의미하는 것입니다

이를 구현하기 위하여 문제 해결 단계를 측정 → 분석 → 개선 → 관리의 5단계로 실시하였습니다.

6시그마를 10년 동안 추진한 결과 모토로라는 '1997년 품질 수준이 5.6시그마(부적합품률 20ppm) 정도에 이르러 품질 실패 비용을 110억 달러 절감했다고 합니다.

그야말로 6시그마 품질 경영 활동의 큰 획을 긋게 되는 혁신적인 활동이라고 평가할 수 있습니다. 이는 기존의 품질 경영 활동과 비교하여 6시그마 접근 방식이 많은 장점을 가지고 있었기 때문에 가능했던 것입니다.

간략하게 기존의 품질 경영 활동과 6시그마 경영의 차이점은 NEC 종합 연구소의 자료를 근거로 설명 드리면 다음 〈표〉와 같습니다.

〈표〉 6시그마 경영과 과거의 품질 경영 활동 비교

구 분	과거의 품질 경영	6시그마 경영
방침 결정	하의상달	상의하달
목표 설정	추상적이면서 정성적	구체적이면서 정량적
문제 의식	겉으로 드러난 문제 중시	드러난 문제 및 잠재적 문제까지 포함
성공 요인	감각과 경험	감각과 경험 및 객관적 데이터 분석 중시
개혁 대상	문제점이 발생한 곳	모든 프로세스
적용 범위	부분 최적화	전체 최적화
활동 기간	제약이 없음	제약이 있음 (일반적으로 6개월 이내)

구 분	과거의 품질 경영	6시그마 경영
담당자	자발적 참여 중시	전임 요원 및 의무적 수행
교육	자발적 참여 중시	체계적이고 의무적
기본 수법	PDCA 4단계	DMAIC 5단계
적용 수법	QC 7가지 도구 및 통계적 기법	광범위한 기법 및 통계적 분석 방법
평가 방법	노력을 중요시	가시화된 이익으로 평가

Q98. 6시그마 활동이 많이 유행하고 있는데 이것의 '허와 실'을 말씀해 주세요

6시그마의 허(虛)에 대한 필자의 견해를 다음의 3가지로 제시해 보고자 합니다.

첫째, ±1.5σ 공정 평균 이동의 타당성

이 값은 여러 가지나 모토로라의 공정 변동 요소(4M)를 장기적으로 측정했을 때 내린 결론이지, 모든 업종의 회사 4M이 모토로라와 같다고 보기에는 무리가 있습니다.

이보다 공정 산포가 적은 회사도 있을 것이고 큰 회사도 있을 것인데, 이를 모두 획일적으로 ±1.5σ로 적용한다는 것은 자기 회사 제품의 정확한 품질 수준을 나타낸다고는 볼 수 없습니다.

둘째, 부품과 조립 완제품에 모두 적용

조립 완제품이란 부품이 여러 개 조립되어 목적하는 기능을 발휘하게 됩니다. 때문에 조립되는 개개의 부품이 6시그마 수준의 품질을 유지하고 있더라도, 이들이 조립되었을 경우에는 이론상 6시그마 품질은 달성될 수 없기 때문입니다.

특히 자동차와 같이 3만여 개의 부품이 조립되어 완성품이 되는 경우에 완성차가 6시그마 품질을 달성하기 위해서는 개개의 부품이 아마 12시그마 이상의 품질을 유지해야 할지도 모르기 때문입니다

셋째, 6시그마는 만능 열쇠인가

특히 한국 기업에서는 품질 관리에서도 많은 유행을 따르고 있는 실정입니다. 기본에 충실하기 보다는 하나의 새로운 기법이 도입되면 그것이 마치 회사의 모든 문제를 저절로 풀어주는 요술 열쇠인 것처럼 인식하는 우매한 생각을 갖곤 합니다.

6시그마 역시 과거의 이미 개발되었던 통계적 품질 관리 기법을 종합하여 문제 해결에 사용할 뿐이지 특별한 도구가 아님을 인지해야 합니다.

그 밖에도 우리 회사 공정이 정규 분포를 이루고 있는 공정인가? 결점의 정의는 객관적인가? 등 6시그마를 적용하기 전에 검증해 봐야 할 많은 사항들이 있습니다.

결론적으로 6시그마를 통하여 기업의 실질적인 성과를 도출하기 위해서는 이를 적용하고자 하는 기업체의 관련자들이 6시그마의 허(虛)와 실(實)을 확실하게 이해하고 적용하는 것이 무엇보다 중요하며, 이를 충분히 이해하고 차근차근히 6시그마를 적용한다면 종전보다 레벨업된 품질 수준을 유지하는데 큰 역할을 해 줄 것이 확실합니다.

Q99 6시그마에 대해 상세하게 알고 싶습니다. 시그마의 의미와 부적합품률 관계도 이해가 잘 되지 않습니다.

A 시그마(sigma : σ)란 그리스 알파벳 24개 글자 중 18번째 글자에 해당하며, 통계학에서는 이를 표준 편차(standard deviation)를 나타내는 기호로 사용하고 있습니다.

6시그마란 규격 상한(USL)과 규격 하한(LSL)이 있는 경우 단기적으로 볼 때, 규격 중심으로부터 규격 상한(또는 하한)까지의 거리가 표준 편차(σ)의 6배 거리에 있다고 하는 것을 의미합니다.

이 경우 규격 밖에 데이터가 존재할 확률은 100만 개 중 0.002개(0.002ppm)로 매우 적은 수준이 되지요. 이를 도식화해 보면 다음 〈그림〉과 같게 됩니다.

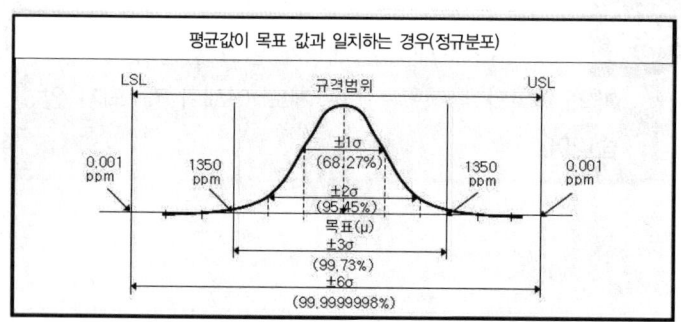

〈그림〉 시그마 수준별 불량률

Q100 비제조 부문에서 6시그마를 추진할 때 예상 효과(기대 효과)를 객관적인 근거로 산출하는 방법에 대해 알려 주세요.

A 종전의 개선 활동에서도 비제조 부문(사무 간접 부문)이 저조하였듯이, 6시그마 추진에서도 이 부문의 활동이 아직은 비활성화된 상태입니다.

이유는 여러 가지가 있겠지만 활동 저조의 가장 큰 장애 요소는 활동 후 효과 파악이 어렵다는 것입니다.

효과를 파악하기 위해서는 개선에 대한 측정 지수가 우선 명확해야 하나 비제조 부문은 측정 지수 선택 및 수치화가 상당히 어렵습니다.

6시그마에서는 이에 대한 대안으로 기회당 결함 수(DPO : Defects Per Oppertunity)란 것을 사용하고 있습니다. DPO란 업무 수행 기회에 있어서 의도하지 않은 수행 결과가 나타나는 비율을 나타내는 것입니다.

예를 들어 귀사처럼 소프트웨어 처리가 주업무인 회사라면 개발된 프로그램이 오류 없이 수행되는 비율을 DPO로 나타낼 수도 있을 것입니다.

그러나 DPO는 실무 적용 시 수치가 너무 낮게 나올 수 있는 관계로 백만 번 업무 수행 시 발생하는 오류 비율(DPO × 1,000,000)로 환원한 DPMO(Detects Per Million Opportunity)란 것을 많이 사용합니다.

비제조 부문에서 업무 수행 시 발생하고 있는 DPMO를 6시그마 척도로 사용하여 미국에서 조사한 업무 오류 비율을 살펴보면 다음 〈표〉와 같습니다.

비제조 부문의 업무 수행 능력을 한눈에 볼 수 있는 좋

〈표〉 업무 오류 비율

(미국 사례)

업무 수행 내용	시그마 수준	DPMO
내국세 통지 오류 비율	2	308,770 이내
식당 계산서 발생 오류 비율 급여 계산서 오류 비율 온라인 송금 오류 비율 항공 수하물 취급 오류 비율	3	66,811 이내
항공 탑승객 사망 비율	6	3.4 이내

은 사례입니다. 하지만 DPMO 사용 시 반드시 고려해야 할 사항은 기회에 대한 정의입니다.

어떤 업무 수행에 있어서 DPMO를 측정하려고 할 때 결함 발생 기회가 많아지도록 잡으면 동일한 상황에서도 DPMO 수치는 적어지게 됩니다.

즉, 비제조 부문의 품질 수준을 측정하기 위하여 DPMO를 사용하여 업무 수행의 시그마 수준을 측정하고 있으나, 이는 '기회'란 것의 정의에 따라 다르게 산출되는 위험 요소를 내재하고 있다는 것이지요.

따라서 DPMO 산출 시는 누구나 객관적으로 인정할 수 있는 '결함 발생 기회'에 대한 정의가 아주 중요합니다. 이것이 잘못되면 업무 수행 능력을 DPMO로 수치화하는 것이 기업에 아무런 도움이 되지 않으며, 오히려 예전처럼 그냥 정성적으로 표현하는 것이 좋을 수도 있습니다.

이런 위험성을 배제시키기 위하여 필자가 권고하고 싶은 '결함 발생 기회'의 정의는 모든 것을 '고객 관점'의 입장에서 판단하라는 것입니다.

우리가 파악하는 모든 지수는 항상 고객과 리듬을 같이 해야 한다는 품질 철학을 가지라는 것이지요.

이런 사항만 별 문제없이 이루어진다면 효과 파악 방법은 그다지 문제가 되지 않습니다.

효과 파악의 기본 사고 방식은 다음과 같습니다.

> 개선 전 비용 − 개선 후 비용
> = (개선 전 월 단위당 결함 건수 − 개선 후 월 단위당 결함 건수) ×
>   [개선 전 건당(재료비+노무비+경비) − 개선 후 건당(재료비+노무비
>   + 경비)] × 12개월
> = 1년간 예상(또는 실적) 절감액

따라서 개선 활동 주제에 따라 적절한 항목을 대입하여 활용하면 됩니다.

Q101 6시그마 활동에서 직접 제조 부문의 부적합품률의 목표는 어떻게 됩니까?

A 6시그마는 크게 직접 제조 부문과 사무 간접으로 나누어 볼 수 있습니다.

직접 제조 부문은 주로 제품 부적합품률에 초점을 맞추어 이를 감소시키는데 주력하고 있으며, 사무 간접 부문은 문서 작성 오류율, 배달 오류율, 신용카드 발급 오류율, 항공 운행 사고율, 전화 불통률 등 서비스 결함률을 감소시키는데 초점을 두고 있습니다.

제조 부문에서의 활동은 부적합품률 감소를 목표로 하여 최종적으로는 6시그마 수준(백만 개의 제품을 생산하였을 때 단기간적으로는 0.002개, 장기간적으로는 3.4개의 부적합 발생)에 도달하는 것입니다. 즉 6시그마 수준이라 하면 거의 무결점 생산 시스템이 구축되었다고 볼 수 있습니다.

Q102 6시그마 활동과 기존의 품질 분임조 활동은 전혀 다른 건가요? 또 어떻게 연계시키면 좋을까요?

A 전혀 다르지는 않으나, 문제를 해결하는 절차가 다소 상이합니다.

기존의 품질 분임조 활동에서의 문제 해결은 다음 〈그림〉과 같이 총 10단계로 이루어져 있는 반면에, 6시그마 활동은 4단계(M → A → I → C) 또는 5단계(D → M → A → I → C)로 이루어져 있습니다.

활용 기법에 있어서도 품질 분임조 활동에서는 QC 7가지 도구와 신QC 7가지 도구가 주로 사용되었으나, 6시그마 활동에서는 품질 기능 전개(QFD), 고장 모드 영향 분석(FMEA), 실험 계획법(DOE), 측정 시스템 분석(MSA) 등 다소 난이도가 높은 기법들이 사용되고 있습니다.

6시그마 활동에 필요한 기법 숙지가 어느 정도 가능하

다면 현재 분임조 활동에 도입하여도 무난하리라 봅니다. 단, 활동 전개는 6시그마 활동 스텝에 준하여 실시하는 것이 좋습니다.

• 품질 분임조 활동 단계

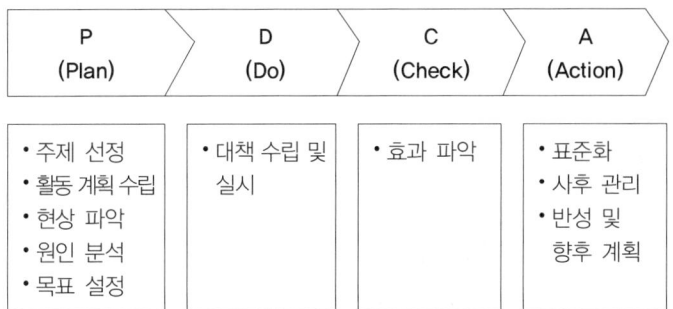

• 6시그마 활동 단계

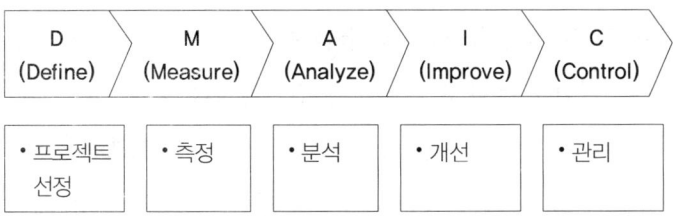

〈그림〉 품질 분임조와 6시그마의 활동 단계

Q103
부적합품률에 대해서는 익숙하게 사용하고 있으나, 6시그마 활동에서 DPU, DPO라는 생소한 용어가 나오는데 이에 대한 의미를 알려 주세요.

A '불량률'이라는 용어는 2001년도에 '부적합품률'로 개정(KS)되었으니, 앞으로는 가능하면 부적합품률이라는 용어를 사용할 것을 권장합니다.

부적합품률에 대한 정의는 전체 생산 제품 중 발생한 부적합품의 비율에 대한 표현으로 이 의미는 종전과 변함이 없으나, DPU라는 것은 단위당 결함 수(DPU : Defects Per Unit)라는 뜻으로 총 결함 수를 한 개의 제품에서 발생된 결함의 비율로 나타내는 방법입니다.

또한 DPO는 기회 당 결함 수(DPO : Defects Per Opportunity)라는 것으로, 쉽게 말해 검사 항목수 대비 결함이 발생한 항목 수에 대한 비율이라고 생각하면 됩니다.

예를 들어 4개의 검사 항목이 있는 5개의 제품을 검사하

였을 때 다음과 같은 결과가 나왔다고 하면,

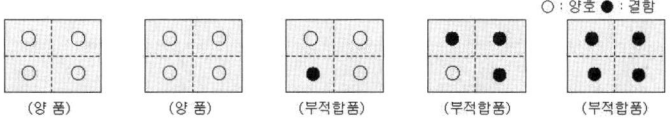

첫째, 부적합품률은 60%{(3/5) × 100}

둘째, DPU는 1.6(8/5)

셋째, DPO는 0.4(8/20)가 되는 것입니다.

또한 DPO는 DPO × 1,000,000으로 치환하여 백만 기회 당 결함 수(DPMO)라는 척도를 사용하기도 합니다.

하지만 DPU, DPO, DPMO라는 척도는 기회의 정의에 따라 그 값이 차이가 날수 있으므로 '기회'에 대한 정의가 명확하지 않을 경우에는 사용을 지양하는 것이 좋습니다.

Q104 6시그마 문제 해결에서 DMAIC 단계별 핵심적인 추진 내용을 한눈에 볼 수 있도록 설명해 주세요.

A 'Define 단계'란 문제를 정의하는 것으로 개선 주제를 선정하는 것입니다.

'Measure 단계'란 문제의 발생 현상을 나타내는 것이며, 'Analyze 단계'란 문제 발생의 핵심 원인을 찾아내는 것입니다.

핵심 원인을 제거하거나 최적화하기 위하여 'Improve 단계'를 수행하고, 마지막으로 현재의 개선 상태를 모니터링하고 지속적으로 관리하는 것이 'Control 단계'라고 생각하면 이해가 쉬울 것입니다.

각 단계별 핵심적인 추진 사항을 다음 〈표〉에 정리하였으니 참고하시기 바랍니다.

⟨표⟩ 6시그마 단계별 추진 내용

단계	구 분	주요 추진 내용	사용 기법	비고
1	프로젝트 선정 (Define)	• 품질 기능 전개를 실시하여 고객의 요구 사항을 정의 • 품질에 결정적인 영향을 미치는 요인 CTQ (Critical to Quality)의 도출	• QFD (품질 기능 전개) • CSI(고객 만족도) • 품질 비용 (Q-Cost) • 비즈니스 프로세스 리엔지니어링 (BPR)	• 추진 인프라 구축 사항 A. 6시그마 추진 조직 구성
2	측 정 (Measure)	• CTQ에 대한 성능 표준 설정 • 측정 시스템 분석 실시 • 공정 능력(Cp, Cpk) 파악	• MSA • 분산 분석 (ANOVA)	• 챔피언 • 마스터 블랙 벨트 • 블랙 벨트 • 그린 벨트 • 화이트 벨트
3	분 석 (Analyze)	• CTQ 결정의 근원 요소인 CTP(Critical to Process) 파악 • 핵심 원인 색출 • CTQ에 대한 개선 목표 설정	• 검정·추정 • FMEA(고장 모드 영향 분석) • FTA(결함 수 분석) • 상관·회귀 분석	B. 교육 훈련 실시
4	개 선 (Improve)	• 실험 설계 • CTP에 대한 최적 조건 설정 • 편차(변동)에 대한 분석 실시 • 개선 사항에 대한 검정·추정 실시	• 검정·추정 • 실험 계획법(DOE) • 분산 분석 (ANOVA)	• SQC (통계적 품질 관리) • SPC (통계적 공정 관리)

단계	구 분	주요 추진 내용	사용 기법	비고
5	관 리 (Control)	• 개선 성과 평가(개선 전후) • 유형, 무형 효과 파악 • CTQ 및 CTP의 관리 상태 모니터링 • 프로젝트 실시 결과 보고회	• 관리도 • 표준화	• QC 7가지 도구 등

Q105 미니탭에서 한쪽 규격일 경우, 공정 능력 구하는 법을 알려 주세요.

A 미니탭에서 양쪽 규격에 대한 공정 능력 산출 시 메뉴 선택은 통계학(S)·품질 도구(Q)·공정 능력 분석(A)·정규 분포(N)를 선택한 후 규격 하한과 규격 상한을 입력하는데, 한쪽 규격일 경우에는 규격 하한 또는 규격 상한 한쪽만 입력합니다.

동일한 측정 데이터를 가지고 양쪽 규격과 한쪽 규격으로 미니탭에서 적용한 사례를 보여드리면 다음 〈그림 1〉, 〈그림 2〉와 같습니다.

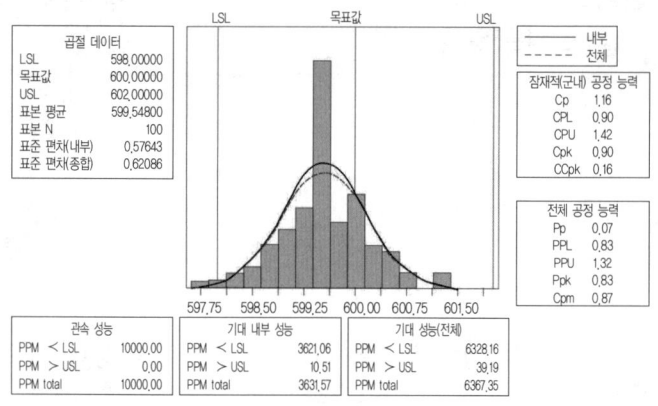

〈그림 1〉 양쪽 규격을 적용한 공정 능력

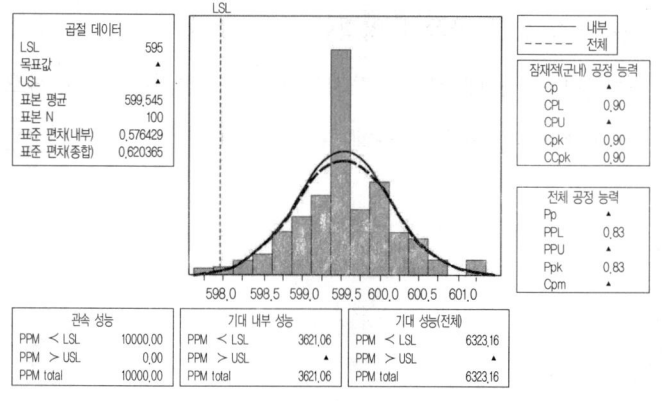

〈그림 2〉 한쪽 규격을 적용한 공정 능력

Q106 6시그마 활동과 관련하여 측정 시스템 분석에 대한 용어가 많이 나오는데, 무엇을 분석하는 것인지 설명해 주세요.

A 측정 시스템 분석(MSA : Measurement System Analysis)이란 계측 활동에 있어서 측정 시스템의 상태를 정확히 파악하여 측정 데이터에 대한 질(質)을 향상시키기 위하여 실시합니다.

측정 시스템을 구성하는 요소는 다음과 같이 5가지로 분류할 수 있습니다.

1) 정확성(accuracy) 또는 편의(bias)
2) 반복성(repeatability)
3) 재현성(reproducibility)
4) 안정성(stability)
5) 직선성(linearity)

첫째, 편의는 어떤 계측기로 동일의 제품을 측정하였을 때 얻어지는 측정값의 편의(참값과 실측값의 차이)로 정확성이라고 합니다.

둘째, 반복성이란 동일의 작업자가 동일의 측정기를 갖고 동일한 제품을 측정하였을 때 파생되는 측정의 변동입니다.

셋째, 재현성이란 동일한 계측기로 동일한 제품을 여러 사람이 측정하였을 때 나타나는 측정 데이터 평균 간의 차를 말합니다.

넷째, 안정성이란 계측기의 마모나 기온, 온도와 같은 환경 변화에 의하여 시간이 지남에 따라서 동일 제품의 계측 결과가 다른 것을 말합니다.

다섯째, 직선성이란 계측기의 작동 범위 내에서 발생하는 정확성 값의 변화를 말합니다.

5가지 사항이 모두 측정 시스템의 중요한 요소이지만 일반 기업에서 가장 많이 활용되는 것은 반복성과 재현성(R&R)입니다.

Q107
품질 비용의 종류를 설명해 주시고, 납품 업체 사내 파업으로 부품이 공급되지 않아 공장 라인을 돌리지 못할 경우의 코스트는 어디에 해당되나요?

A 품질 코스트란 쉽게 얘기해 품질 관리 활동을 하는데 소요되는 코스트를 말하며 다음 〈그림〉과 같이 분류합니다. 품질 코스트는 업무 수행을 잘하기 위해 투입되는 적합 비용과 잘못된 결과들의 비용인 부적합 비용으로 나누어 볼 수 있습니다.

예방 코스트와 평가 코스트는 적합 코스트에 해당되며 실패 코스트는 부적합 코스트에 해당합니다.

품질 코스트 구성 요소를 조금 더 자세하게 표현하면 다음 〈표〉와 같습니다.

예방 코스트란 부적합이 발생하기 않게 하기 위해 투입되는 코스트로, 교육훈련비나 분임조, 제안 등의 개선 활동 코스트를 말하며, 평가 코스트란 부적합을 검출하기위

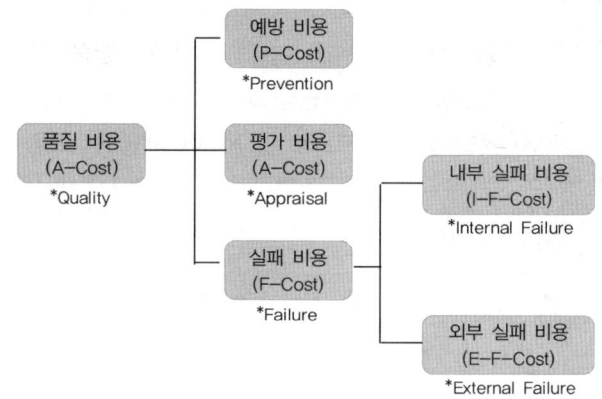

〈그림〉 품질 코스트 구성

〈표〉 품질 코스트 의미

코스트 구분	내 용
예방 코스트(P - Cost)	부적합 발생을 사전에 예방하는데 투입되는 비용
평가 코스트(A - Cost)	부적합을 찾아내는데 투입되는 비용.
실패 코스트(F - Cost)	부적합을 처리하는데 투입되는 비용

해 투입하는 코스트로 인수 검사비, 공정 검사비, 완제품 검사비 등을 말합니다.

실패 코스트란 부적합이 발생되어 이를 처리하는데 투입되는 코스트를 말하며 부적합품 처리비, 무상 서비스비, 클레임 처리비 등이 해당됩니다.

귀하가 질문하신 내용을 보면 부품이 공급되지 않아 공장 라인을 돌리지 못한다고 하였는데, 이럴 경우에는 작업자들이 일을 할 수가 없게 되므로 무작업이 발생하게 됩니다. 즉 '무작업 손실비'가 발생할 수 있으며 코스트로 구분하면 실패 코스트에 해당합니다. 실패 코스트 중에서도 사내에서 발생하였으므로 사내(내적) 실패 코스트라고 표현하면 됩니다.

Q108 실패 비용에 들어가야 할 항목과 관리 방법에 대해 자세하게 말씀해 주셨으면 합니다.

A 실패 비용이란 원자재, 재공품 또는 제품이 적정 품질 수준을 유지하는 데 실패했기 때문에 발생된 각종 비용을 말하며, 일반적으로 다음 〈표 1〉과 같은 항목들은 필수적으로 실패 비용으로 관리합니다.

그 관리 방법은 다음과 같습니다.

첫째, 회사에서 발생되는 총품질 비용에 대하여 매출액 또는 제조 원가 대비 점유율을 비교하여 우리 회사의 품질 비용 수준이 적정한지를 비교합니다.

단, 이 비교는 학자마다 제시하는 적정 비율 수준이 상이하므로 〈표 2〉에 대하여는 참고 자료로만 활용하는 것이 좋을 듯합니다.

둘째, 회사에서 발생되는 총품질 비용에 대하여 예방 비용, 평가 비용, 실패 비용 구성비를 평가합니다.

이 또한 학자마다 제시하는 적정 비율 수준이 상이하므로 〈표 3〉에 대하여서도 참고 자료로만 활용하되 모든 학자들의 공통점은 구성비의 크기는 '실패 비용〉평가 비용〉예방 비용' 순서라는 것에 대하여는 주목할 필요가 있습니다.

일반적으로 1983년 파이겐바움 박사가 제시한 구성비를 일반 기업에서 많이 적용하여 평가하고 있습니다.

셋째, 실패 비용에 대한 월별, 연도별 추이를 관리합니다.

사실 품질 비용 관리 활동의 궁극적인 목적은 실패 비용을 최소화하는 데 있다고 하여도 과언이 아닙니다.

넷째, 실패 비용이 큰 항목부터 왜 발생하는지, 원인이 무엇인지, 개선 방안은 없는지 등을 검토하여 지속적인 개선 활동을 실시해야 합니다.

〈표 1〉 주요 실패 비용 항목

항목	구 분	주요 산출 항목
실패 비용	내부(사내) 실패 비용	• 폐기품 비용 • 재작업 비용 • 재검사 비용 • 자재 품절 유실 비용 • 기계 고장 유실 비용 • 부적합 대책 비용 • 수입 자재 및 외주 가공 부적합 비용 • 재설계 비용 • 등급 저하로 인한 손실 비용 • 기타 비용(손실 비용)
	외부(사외) 실패 비용	• 애프터 서비스비용 • 클레임 비용 • 제품 교환 비용 • 대용품 서비스 비용 • 반품 비용 • 기타 비용(손실 비용)

〈표 2〉 적정 품질 비용 점유율

	학 자 \ 구 분	매출액 대비 품질 비용 점유율	제조 원가 대비 품질 비용 점유율	비 고
1	P. B. Crosby	2.5%	-	-
2	Barrie Dale & Cary Cooper	5~25%	-	-
3	Mikel Harry & Richard Schroeder	1%	-	• 6시그마 수준의 기업
4	A. V. Feigenbaum	-	9%	-
5	E. G. Kirkpatrick	-	6~7%	-

〈표 3〉 적정 품질 비용 구성비

연도	국가명	학 자	적정 품질 비용 구성비(%)		
			예방 원가	평가 원가	실패 원가
1961년	미국	A.V. Feigenbaum	5	25	70
1964년		Morgen & Ireson	5~10	10~30	40~60
1970년		J.M. Juran	0.5~5	10~50	50~90
		E.G. Kirkpatrick	10	25	50~75
		Gilmore	12	35	53
1971년	영국	Robertson	5	30	65
1980년	미국	F.M. Gryna, Jr.	0.5~5	10~50	45~80
1983년		A.V. Feigenbaum	5~10	20~25	60~70

Q109 예방 비용에 대한 사례를 소개해 주세요.

대분류	중분류	소분류	세분류	산출 항목	산출 방법	산출 부서
예방 비용 (P-Cost)	품질경영 기획비	품질경영 추진비	품질관리 인건비	품질관리 사무인원 인건비	사무인원 총임금	품질관리부
			품질 보증 경비	품질관리부 운영 소요 경비	예산 실사용 경비	품질관리부
	품질경영 교육비	사내외 교육비	교육 참가자 인건비	품질경영 관련 사내외 교육참가자 인건비	참여인원 시급 5시간	총무부
			사내교육 강사료	지급 강사료	예산 실사용 경비	총무부
			QC 교육비	QC 교육출장 경비	일 규정금액 5 출장일수 5 출장인원	총무부

대분류	중분류	소분류	세분류	산출 항목	산출 방법	산출 부서
	품질경영 활동비	소집단 활동비	소집단 (TFT) 지원경비	TFT 지원 경비 및 대회/캠페인 경비	예산 실사용 경비	총무부
		제안 활동비	제안활동 지원 포상금	제안 활동 지원비 및 포상금	예산 실사용 경비	생산관리부
		행사비	행사지원 비용 및 포상금	대회/캠페인 경비, 지원금 및 포상금	예산 실사용 경비	해당부서
	품질경영 기술비	도서비	도서구입 및 발행비	품질경영 관련 도서, 양식, 서식 구입 및 발행비	예산 실사용 경비	총무부
		기술 지도비	컨설팅비	QM, ISO 9001 사외 기관 사후관리비	품의 실사용 경비	품질관리부
	기타 예방 비용			상기 항목에 포함되지 않는 예방 비용	실사용 경비	-

평가 비용에 대한 사례를 소개해 주세요.

대분류	중분류	소분류	세분류	산출 항목	산출 방법	산출 부서
평가 비용 (A-Cost)	품질 검사비	입고 검사비	입고 검사원 인건비	입고 검사원 인건비	검사원 총임금	품질관리부
			입고 검사 경비	입고 검사 소요 제반 경비	예산 실사용 경비	품질관리부
		공정 및 제품 검사비	공정 및 제품 검사원 인건비	공정 및 (신)제품 검사원 인건비	검사원 직급별 총임금	생산부
			공정 및 제품검사 경비	공정 및 (신)제품 소요 제반 경비	예산 실사용 경비	생산부
		순회 검사비	QC, 점포 QA 인건비	QC, 점포 QA 인건비	직급별 QC, 점포 QA 총임금	품질관리부
				QC, 점포 QA 활동비	규정금액 5인원수	품질관리부

대분류	중분류	소분류	세분류	산출 항목	산출 방법	산출 부서
		계측기 및 장비 유지비	계측기 및 장비 유지비	검사 계측기 및 장비 검·교정, 수선유지	예산 실사용 경비	생산관리부
				검사 계측기 및 장비 감가상각비	예산 실사용 경비	생산관리부
	품질 인증비	규격 획득 및 유지비	규격 획득 및 유지비	ISO 등 규격 획득 및 유지비 QM 추진 및 유지비	품의 실사용 경비	품질관리부
	기타 예방 비용			상기 항목에 포함되지 않는 평가 비용	실사용 경비	-

Q111 실패 비용에 대한 사례를 소개해 주세요.

A 실패 코스트는 제품 출하 전 발생한 내부 실패 코스트와 제품 출하 후 필드에서 발생하는 외부 실패 코스트로 분류합니다.

대분류	중분류	소분류	세분류	산출 항목	산출 방법	산출 부서
실패 비용 (F-Cost)	내부 실패 비용	부산물	부산물	파빵 발생량	-	생산부
				파생지 발생량	-	생산부
				폐기 원자재 발생량	-	생산부
		재작업	재작업	재작업 인원 인건비	재작업 인원 인건비 5시간	생산관리부
				재작업에 따른 각종 소모 경비	재작업 시간 5시간당 고정비	생산관리부
				재작업 투입 원료 금액	제조원가 5배합 건수	생산관리부

대분류	중분류	소분류	세분류	산출 항목	산출 방법	산출 부서
			재고검사	장기재고품 매월 실사 및 재검사 인건비	재고검사자 직급별 인건비	자재과
		유실비	설비가동 중단 인건비	작업자 조업 중단시간	직급별 시급 5중단시간 5인원수	생산관리부
			설비가동 중단시간	조업, 기계, 전기원인 고장가동 정지시간	정지시간 5시간당 고정비	생산관리부
			과중량	관리중량초과 과중량	S(품목별 중량-관리중량) 5원가	품질관리부
		납기	미출금액	일별 미출발생금액	S품목별 미출수량 5공장 도금액	물류관리부
		폐기 비용	원료 폐기비용	수입 원료 폐기 손실비용	S해외 수입원, 재료비 (유통기간 경과)	자재부
	기타 외부 실패비용			–	–	–

대분류	중분류	소분류	세분류	산출항목	산출방법	산출부서
실패비용 (F-Cost)	외부 실패 비용	클레임비	소비자 클레임 처리 제반비용	금액보상비 (현금/쿠폰)	S 영수증 처리금액 +S 쿠폰 처리금액	품질관리부
			소비자 클레임 제품 손실비용	제품교환 또는 보상비용	S 소비자 제품보상 금액	품질관리부
			점포 클레임 처리비용	점포협조전 처리비용	S 제품보상금액	품질관리부
			통신비	우편요금 및 전화요금	S 쿠폰발송 우편료+ SC, Stel 송수신료	품질관리부
				거래업체원인으로 인한 손실비	SOEM 제상품 클레임 처리비용	
		반품	–	점포 반품인정 처리비	S 반품 인정비용	물류관리부
		미출	–	매출손실비	S 매출 수량× 아이템별 – 제조원가	물류관리부
		점포 클레임	–	클레임손실비	S 클레임 수량× 아이템별 – 제조원가	물류관리부
				생지불량 손실비	S 생지 불량 수량× 아이템별 – 제조원가	물류관리부
				파손 손실비	S 파손 수량× 아이템별 – 제조원가	물류관리부
				출하 착오비	S 분실 수량× 아이템별-제조원가	물류관리부
	기타 외부 실패비용			상기 항목에 포함되지 않는 외부 실패비	실사용경비	–

Q112

COPQ(저품질 코스트) 중에서 회계상 파악할 수 없는 손실이 매출의 20~30%라고 하는데 '회계상 파악할 수 없다'는 수치가 어떻게 나왔는지 궁금합니다. 또한 Hidden COPQ의 산출 방법을 알려주세요.

A 저품질 비용(Cost of Poor Quality)이란 제품 생산 시 부적합품 발생이나 업무 프로세스상의 오류 발생으로 인하여 손실되는 비용을 말합니다.

이는 눈에 보이는 비용(회계 기능에 의해 산출되는 비용)과 눈에 보이지 않는 비용(일반 회계 처리상에서 산출하지 않는 비용)으로 나눌 수 있습니다. 이런 현상은 마치 다음 〈그림〉과 같이 바다에 떠있는 빙산으로 표현하면 이해가 빠를 수 있어 이 〈그림〉을 많이 활용하고 있습니다.

〈그림〉에서 보는 것처럼 재가공비, 스크랩비, 반품비 등은 눈에 확연히 나타나는 비용으로써 집계가 쉬우며, 그동안 이를 감소시키기 위하여 기업에서는 많은 노력을 해왔습니다.

〈그림〉 COPQ 형태

그러나 무한 경쟁 시대에 접어든 기업의 현실에서 이제는 지금까지 묵인해 왔던 눈에 보이지 않는 실패 비용(hidden cost)을 샅샅이 찾아내 감소시키기 위하여 활발한 활동을 벌이고 있는 실정입니다.

귀하가 질문하신 내용을 말씀 드리면 회계상 파악이란 의미는 사내의 회계 프로세스상 이미 그 비용을 관리하도록 정해져 있어 그 비용이 항상 산출된다는 의미이며, 그 이외에 해당하는 비용은 정식 회계 처리 방법과 별개로, 그 현상에 대한 조사를 실시하면 집계가 가능하다는 뜻으로 해석하시면 됩니다.

COPQ를 직접 집계해 보면 이해가 좀 더 쉬우리라 생각되며 'Hidden COPQ'에 대한 항목 및 산출 방법을 소개해 드리면 다음 〈표〉와 같습니다.

〈표〉 Hidden COPQ 산출 방법

구 분		Hidden COPQ명	비용 정의	산출식
COPQ	사내 COPQ	공정 변경 손실비	품질 문제로 인한 공정 변경 시 소요되는 비용	인건비+설비수정비+설비투자비+제경비
		재설계 손실비	개발품의 재설계로 인한 이익 손실 비용	재설계 인건비+제경비
		과잉 재고 손실비	과잉 재고 관리를 위해 소요되는 비용	과잉 재고 금액×이자율+과잉 재고 관리 면적에 대한 인건비+제경비
		효율 손실비	CAPA 대비 실제 생산 수량과의 차이로 인한 손실 비용	(생산 가능 수량−실생산 수량)×개당 단가×이익률

구 분		Hidden COPQ명	비용 정의	산출식
	사외 COPQ	입찰 실패 손실비	입찰에 응찰하였으나 낙찰되지 않음으로 인한 손실 비용	입찰 서류 작성 인건비 + 제경비
		가격 할인 손실비	품질 문제로 인한 가격 할인 시 손실 금액	판매 가격 – 할인 판매 가격
		신제품 출시 지연 손실비	제품 출시가 계획보다 지연되어 발생된 손실 비용	해당 제품 예상 판매 대수 × 예상 단가 × 이익률
		거래 중단 매출 이익 손실비	기존 고객 거래 중단으로 인한 잠재 이익 손실 비용	해당 거래처 월 매출액 × 예상 판매 기간 × 이익률

Q113 품질 비용의 종류와 그 가운데 가장 중요한 비용은 무엇입니까?

A 품질 비용(quality cost)이란 품질 관리 활동을 위하여 소요된 비용을 집계·분석하여 품질 관리 활동 효과에 대한 경제성을 평가하는 방법입니다. 실패 비용은 제품 출하 전 발생된 내부 실패 비용(I-F Cost : Internal Failure Cost)과 제품 출하 후 발생된 외부 실패 비용(E-F Cost : External Failure Cost)을 구분하여 관리합니다.

품질 관리 활동의 경제성을 향상시키기 위해서는 P-Cost, A-Cost, F-Cost를 모두 적절하게 관리해야 합니다.

굳이 그 중에서 가장 중점을 두어 관리해야 할 코스트를 꼽는다면 F-Cost가 될 것 같습니다. 왜냐하면 Q-Cost관리는 P-Cost와 A-Cost를 관리하여 궁극적으로 F-Cost를 줄이는 데 그 목적이 있다고 볼 수 있기 때문입니다.

VE와 IE의 연혁과 특징을 설명해 주세요.

우선 VE와 IE에 더불어 QC 기법의 특징은 다음 〈표〉와 같습니다.

〈표〉 VE · IE · QC 기법의 비교

구분	시기	공통점	개별 특징	대표적 기법
VE	1947년	사람, 재료, 시간, 공간, 토지·건물, 설비 등의 모든 자원을 유효하게 활용	제품이나 제조 방법의 개선을 위해 그것들의 기능과 코스트를 분석하여 가치를 높인다.	기능 분석
IE	1911년		제조 방법의 개선을 위해 작업의 분석이나 시간을 측정하여 능률을 높인다.	작업 연구
QC	1924년		품질의 유지 향상을 위해 품질 기준의 설정이나 분석, 측정을 실시하여 품질을 관리한다.	QC 7가지 도구

Q115 VE의 태동 배경 및 추진 단계를 알고 싶습니다.

A VE(Value Engineering : 가치 공학)는 1947년 미국 GE사의 구매 부장이었던 마일조(Lawrence. D. Miles)가 도장 공정에서 사용하고 있는 불연성 석면(asbestos)을 구입하기 위해 전문 업자와 상담 중 '무엇 때문에 필요한가?'라는 질문을 받고, '연소를 방지하기 위하여'라고 대답을 하였는데, '석면을 대체할 재질이 있는데, 그것은 값도 싸고, 연소도 방지할 수 있다'는 전문가의 대답을 들었습니다.

그러나 당시 GE사에는 소방법으로 인하여 석면 이외에는 사용할 수 없는 상황이었습니다. 그러나 마일즈는 이후 소방 당국에 여러 가지 자료를 제시, 설득함으로써 끝내는 대체 재질을 사용할 수 있도록 허가를 받게 되었습니다.

즉, '석면'이라고 하는 '사물'이 필요한 것이 아닌, '연소방지'라고 하는 '기능'이 필요한 것으로, 소방법 그것이 잘못되어 있었던 것입니다.

이것이 VE 탄생의 계기가 된 시초였습니다. 즉 모든 것을 기능 위주의 사고로 판단하는 것이 VE의 핵심이 되는 것이지요. VE 추진을 위한 10단계를 간략히 설명하면 다음 〈그림〉과 같습니다.

VE 추진 단계

기본 단계	세부 단계	중점 추진 사항
기능 정의	정보 수집	• VE 대상에 대하여 상세 정보를 파악한다
	기능의 정의	• VE 대상의 기능을 명확하게 정의한다
	기능의 정리	• 기능 계통도를 작성하여 VE대상에 대한 기능 계통도를 그린다
기능 평가	기능별 코스트 분석	• 기능 달성에 소요되는 코스트를 계산한다
	기능의 평가	• 기능 대비 소요 코스트를 평가하여 가치(VALUE) 평가를 실시한다 (V=F/C)
	대상 분야 선정	• 가치 평가가 낮은 분야를 파악한다
대체안 작성	아이디어 발상	• 기능을 달성하는 새로운 아이디어를 발상한다 • 가치있는 아이디어를 선택한다
	개략 평가	• 아이디어를 구체화하여 장·단점을 조사한다
	구체화 조사	• 단점에 대한 개선안을 찾아 좀 더 구체화 한다
	상세 평가	• 실증을 위한 데이터를 조사, 수집한다 • 최선의 대체안을 선택한다
	제안	• 개선 효과를 명백히 한다 • 최적안을 피 제안자에게 설명한다 • VE 활동 성과를 평가한다 • VE 활동 보고서를 작성, 보고한다

〈그림〉 VE 추진 활동 단계

Q116 IE의 태동 배경을 알고 싶습니다.

A IE(Industrial Engineering : 산업 공학)는 미국의 테일러(Frederick Winslow Taylor 1856~1915)와 길브레스(Frank B. Gilbreth, 1868~1924)에 의해 탄생된 학문입니다. 테일러는 남북전쟁 5년 전에 필라델피아 주 쟈만타운에서 태어났습니다.

아버지는 변호사였으며 테일러는 하버드대학 법과에 합격했으나, 면학이 지나쳐 안질로 입학을 단념하고 진로를 바꾸어 산업계에 나섰습니다.

18세에 어느 펌프 공장에 갔다가 22세 때 미드베일 제강소로 옮기고, 공원(工員)으로 출발하여 6년 만에 지사장까지 승진했습니다. 이 분의 유명한 금속 절삭 연구와 고속도 강의 발명은 이곳에서 이루어졌으며, 후년 생산의 과학적 관리로까지 발전시킨 사고 방식의 기초, 즉 작업의 과학적 연구에 의한 생산량 증가 이론을 정리한 것이 지금의 IE 시초가 되었습니다.

이를 좀 더 발전시킨 사람이 길브레스의 동작 연구 이론입니다. 동작 연구를 처음으로 실용화하여 빛나는 업적을 남긴 길브레스는 1868년 미국 에인 주 페어필드에서 태어났으며, 길브레스의 전기(傳記)는 우리나라에서도 여러 번 소개된 바 있습니다.

부친은 상당한 규모의 잡화상이었는데, 길브레스가 태어난 지 몇 년 되지 않아 세상을 떠났고, 그 후는 가난하지만 엄격한 어머니의 손에 양육되었습니다.

그는 건축 기사가 되고자 했지만, 집이 가난했기 때문에 학업을 그만두고 공사 현장에서 조수 생활을 하게 되었는데, 당시 그의 나이 17세였습니다. 그러다가 1900년대 초기에 독립하여 건축 회사를 경영하게 되었습니다.

건축 회사에 막 들어가면서부터 그는 개별 작업자들이 제각기 독자적인 작업 방법으로 일을 하고 있으며, 같은 방법으로 일을 하는 사람들은 하나도 없다는 사실을 발견했습니다. 그리고 1명의 작업조차도 언제나 같은 동작으로 일을 하는 것이 아니라는 사실을 알았습니다.

예를 들면 빨리 할 때와 늦게 할 때의 시간이 달랐으며, 남에게 가르치는 방법도 달랐던 것입니다. 그래서 길브레스는 그 작업에 대한 최선의 방법을 발견하려고 조사를 시작했으며, 그 결과는 괄목한만한 것이었습니다.

그때까지 1개의 벽돌을 쌓는 데 18개 동작이 필요하던 것이 불과 5개 동작으로 충분하게 되었습니다.

그는 동작 연구에 열중하여 마침내 건축 사업을 포기하고 그 일에 전념하게 되어 IE를 실용화하는데 큰 기여를 하게 되었습니다.

IE의 주요 활동 기법들을 알고 싶습니다.

A IE의 주요 활동 기법을 간략 소개하면 다음과 같으며, 좀 더 자세한 내용을 알기 위해서는 관련 서적을 참조하시기 바랍니다.

다음 〈그림〉 이외에도 라인 밸런싱(Line Balancing), 오퍼레이션 리서치(Operation Research), PERT, CAD/CAM, 인간 공학(Human Engineering) 등의 광대한 이론들이 개발되어 있습니다.

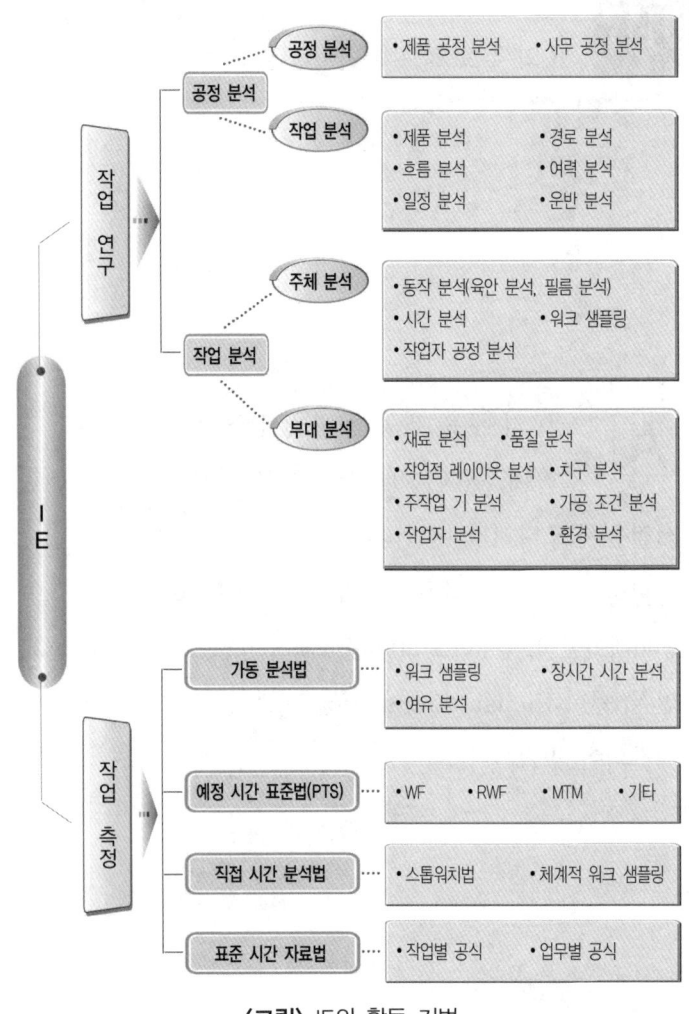

〈그림〉 IE의 활동 기법

Q118
저희 회사는 작업 분석(주로 스톱워치법)을 통한 단위 시간당 생산량 등을 산출합니다. 보다 간편하게 쓸 수 있는 기법이 있다면 소개해 주시고, 공정별 관리 항목에 대한 관리 기법도 알려 주십시오.

A 생산량 관리를 위한 가장 간단한 방법으로는 기존의 생산 실적 데이터를 근거로 하여 개개 제품의 피치 타임(pitch-time)을 산출하면 됩니다. 피치 타임이란 제품 단위당 생산 소요 시간을 의미합니다.

예를 들어 A제품의 작업 시간이 300분이고 총생산량이 100개라면 A제품의 피치 타임은 3분이 됩니다. 이를 기준으로 적용하면 일정 기간 작업 시의 생산량을 예측할 수 있게 됩니다. 매우 간단한 방법이지만 정확성 측면에서 오차가 발생될 소지가 많이 내포되어 있다는 것이 단점입니다.

한편 조금은 복잡하지만 정확성과 객관성을 고려한 작업 측정 방법으로 직접 시간 연구법이나 기정 동작 시간 연구법(PTS : Predetermined Time Standard) 등을 많이 사용합니다.

귀사에서는 이미 스톱워치법을 사용하고 있으므로, 이 데이터를 사용하여 손쉽게 작업 시간 측정을 할 수 있는 기법인 PTS법에 대하여 간단히 소개하여 드리겠습니다.

PTS법은 어떤 작업의 각 요소 동작에 대하여 이미 스톱워치에 의하여 측정된 시간을 적용하여 전체적인 작업 시간을 산출하는 방법입니다.

물론 PTS법을 적용 시 실제적으로 스톱워치법보다는 워크팩터법(Work Factor)이나 MTM법(Methods Time Measurement)을 사용하나, 이는 전문적인 이론과 기술이 있어야하므로 관심이 있을 경우 관련 서적을 참고하시기 바랍니다. 따라

〈표〉 PTS법의 장·단점

장 점	단 점
1. 표준 시간 설정 공수를 대폭적으로 삭감할 수 있다. 2. 작업 방법의 변화가 생겨도 표준 시간 개정을 신속하게 할 수 있다. 3. 생산 개시 전에 미리 표준 시간을 설정할 수 있다. 4. 동작과 시간의 관계를 현장의 관리자나 작업자에게 잘 인식시킬 수 있다.	1. 비반복 작업에 적용할 수 없다. 2. 산출된 시간에 대한 적정성을 검토하여 합당하게 조정하는 단계가 필요하다.

서 여기서는 PTS법 사용시의 장·단점만은 앞의 〈표〉와 같으며, 이를 감안하시어 회사에 적용 여부를 검토해 보세요.

다음으로 공정 관리 기법에 대하여 말씀드리겠습니다.

공정 관리의 요소를 크게 2가지로 구분하면 관리 항목과 검사 항목으로 분류할 수 있습니다.

관리 항목이란 품질 특성치에 영향을 주는 원인계 인자(factor)로서 온도·습도·속도 등이 해당되며, 검사 항목이란 품질 특성치 그 자체를 의미하는 것으로 예를 들어 강도, 수명, 치수 등이 해당됩니다.

즉 관리 항목이란 어떤 제품을 만들어 내는데 있어서 공정 조건 변수를 의미하며, 검사 항목이란 공정 결과 변수를 의미합니다.

일반적으로 관리 항목을 관리하기 위해서는 단위 공정별 관리 항목명, 관리 기준(허용차 포함), 관리 주기, 관리 방법 등을 설정 후 이에 대한 실시 결과를 공정 관리 일지나 작업 일지에 기록하여 일정 주기마다 통계적으로 분석하여 활용하면 됩니다. 또한 관리 항목은 해당 내용을 QC 공정도 및 작업 표준에 등록하여 표준화해야 합니다.

Q119 비용이 많이 드는 개선 활동을 해야 하나요? 개선 활동이 원가 절감에 도움이 안 되고 있다면 어떻게 대체를 해야 하나요?

A 개선 활동이라고 하면 무조건 원가 절감을 해야 한다는 인식이 너무 팽배되어 있는 것 같습니다. 개선이란 단어를 해석하면 '어떤 대상이 부족하거나 잘못된 점을 고쳐 더 낫거나 좋게 하는 것'입니다. 더 좋게 하는 것이 개선이지 꼭 원가 절감만은 아니라고 봅니다. 만약 개선이 원가 절감만을 대상으로 한다면 어떻게 교육·훈련 강화, R&D 투자 확대, 검사 강화 등의 개선 활동이 추진될 수 있겠습니까?

물론 원가 절감이 회사 경영 이익 향상에 직접적으로 영향을 주기 때문에 많은 장점이 있지만, 그렇다고 이것만이 개선 활동의 전부인 것으로 생각하는 것은 좋지 않습니다. 한 가지 예로 1947년 미국 GE사의 구매 부장이었던 마일

즈(Lawrence. D. Miles)가 창안한 VE(Value Engineering :가치 공학) 기법은 좀 더 기능이 좋은 제품이 되도록 개선하는 방법으로서, 가격이 향상되어도 그 이상으로 기능이 향상된다면 개선을 진행하는 사고방식입니다.

즉 제품에 대하여 가치 지수를 산출하고, 이를 높여 나가는 것은 모두 개선 활동으로 적절하다고 판단하는 것이지요.

가치 지수를 산출하는 공식은 다음과 같습니다.

$$V = \frac{F \text{ (Function)}}{C \text{ (Cost)}}$$

가치 지수를 높이기 위한 방법은 다음과 같이 여러 가지가 있을 수 있습니다.

$$V(\uparrow) = \frac{\nearrow}{\searrow} = \frac{\nearrow}{\rightarrow} = \frac{\nearrow}{\rightarrow} = \frac{\rightarrow}{\searrow} \quad (O)$$

이 식을 자세히 살펴보면 가격이 상승하여도 VE로 인정하고 있음을 알 수 있습니다. 즉, 원가 절감이 아니라 상승하여도 좋은 개선 활동이라는 예를 단적으로 보여주는 것이기도 합니다.

$$V(\uparrow) = \rightleftarrows (X)$$

반대로 위 식을 살펴보면 원가는 절감되고 가치 지수가 상승하나, 이는 VE 활동으로 인정하지 않고 있습니다. 오히려 원가가 절감되는데도 인정하지 않는 이유는 기능이 하락되는 것은 인정할 수가 없다는 철학입니다.

여기에서 가치 지수는 올라 가나 기능이 하락되는 것은 VE 활동에서 제외합니다. 따라서 개선 활동에서 비용이 너무 많이 든다고 고민하지 마시고, 비용 상승에 대응한 기능 향상을 시킴으로써 결과적으로 회사 매출액 향상에 기여를 한다면 아주 좋은 활동이 될 수 있으니 참고하시기 바랍니다.

Q120 제조물책임법에 대하여 몇 차례 교육을 받았지만, 무엇을 어떻게 추진해야 할지 모르겠습니다. 설계 단계에서 안전성 확보 절차를 소개해 주세요.

A 현대 사회에서 기업이 생존하기 위해서는 동종 기업보다 월등한 기술력을 보유하고 제품의 성능, 디자인, 편리성 등에서 보다 발전된 기술을 끊임없이 시장에 내놓아야 합니다. 이를 태만히 하거나 외면하였을 경우에는 기업의 수명이 내일을 보장할 수 없을 만큼 위기에 빠질 수도 있습니다.

따라서 최근 국내에서도 신제품 개발의 패러다임이 기존의 기능 품질 우위 사고에서 안전성 품질을 필수적으로 확보하는 개발 사고로 제품 개발 콘셉트가 바뀌어 가고 있으며, 이것은 제조물책임법이 국내에서도 2002년 7월 1일부터 실시되었다는 것에 기인할 수도 있지만, 이제는 안전성이 확보되지 않은 제품은 자국 내 판매뿐만 아니라

외국으로 수출하기는 거의 불가능해지고 있는 현실 때문입니다.

이미 대다수의 선진국에서는 1980년대부터 제조물책임법을 도입하여 제품 사용에 있어서 소비자의 안전성을 보장하는 것을 기본 요소로 하고 있었습니다.

이제는 각 기업에서는 그 동안 개발 단계에서 소홀하게 수행된 제품의 안전성 확보에 대하여 현재의 개발 단계 수행 사항을 제고하고 안전성이 확보된 제품을 기본으로 하여 상품성, 성능, 디자인 경쟁이 이루어져야 할 것이며, 특히 개발 및 설계 단계에서 제품의 안전성 확보를 하여야 합니다. 이를 위하여 수행되어야 할 기본적인 사항을 요약하면 다음 〈표〉와 같습니다.

〈표〉 개발 및 설계 단계에서의 안전성 확보

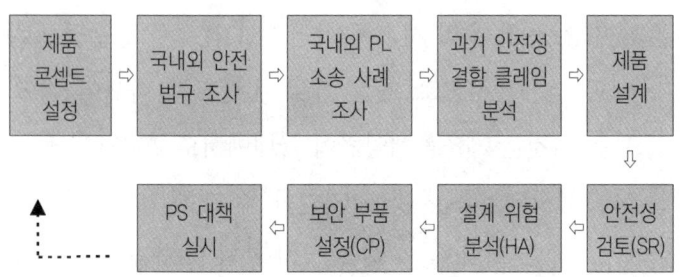

Q121 제품 개발 시 설계 부서에서 제품 안전 확보를 위해 수행할 사항들을 정리해 주세요.

A 제품의 안전성은 설계 단계에서 모두 결정된다고 하여도 무리가 아닙니다. 이후의 생산 및 검사 단계에서는 설계의 안전성을 검증하는 역할만을 수행할 뿐 제품의 근본 사상을 전환할 수가 없기 때문입니다. 따라서 설계 단계에서의 제품 안전성 확보는 제조물책임법을 떠나서 제품의 품질을 결정하는 핵심 단계라고 볼 수 있습니다.

기존의 제품 개발 방식은 제품의 기능 품질이나 상품성, 디자인 등에 중점을 두고 안전성 측면의 검토는 소홀히 취급하였던 것도 사실입니다.

때에 따라 안전성 측면의 위험이 일부 검토되었더라도 제품의 원가 상승 요소로 작용되는 까닭에 제품에 반영하기가 어려운 실정이었습니다.

하지만 앞으로의 개발 콘셉트는 제품의 안전성을 개발 각 단계마다 검토하고, 다소의 원가 상승이 있더라도 이를 감수하여 제품 출하 후 PL 사고로 인한 손실 비용을 최소화하는 것이 실제로 제품의 원가를 최소화한다는 생각으로 개발 패러다임의 변화가 있어야 할 시기에 접어든 것입니다. 또한, 2002년 7월 1일 국내 제조물책임법 시행 후에는 이것을 더욱더 피부로 느낄 수가 있었을 것입니다.

그렇다면 제품의 안전성 설계를 위해서는 무엇을 해야 할까요? 여러 가지 사항을 생각해 볼 수 있겠지만 기본적으로 제품의 안전성 확보를 위해서는 국내외 안전 법규 검토, 과거 국내외 PL 관련 클레임 조사, 제품 위험 분석(hazard analysis), PS 대책 실시 등 다각적인 제품 분석 실시가 필수적으로 요구됩니다.

설계 단계에서의 제품의 PS(Product Safety) 확보를 위하여 수행해야 될 사항들을 살펴보면 다음 〈표〉와 같습니다.

〈표〉 설계 단계에서의 실무 추진 사항

NO	항 목	추진 내용	비 고
1	국내외 안전 관련 법규 분석	• 국내의 안전 관련 법규 검토 • 자사 제품 규격에 대한 안전성 요구 사항 검토 • 수출 국가의 안전 관련 법규 검토 • 수출 국가 내 동종 제품 규격에 대한 안전성 요구 사항 검토 • 안전 관련 일반 규격 검토(KS, ANSI, CE, ISO, IEC, UL 등)	• 특히 해외 법규 입수 중점 추진
2	제품 사용 환경 조사	• 국가별 조사 실시 • 주 사용층 조사(남여, 노인, 중년, 청년, 학생, 유아 등) • 사용자 지적 수준 조사 • 사용 환경 조사(기후, 작업장, 조명 등) • 국가별 관습 조사	• 추후 경고 표시 작성 근거 자료
3	국내외 PL관련 클레임 분석	• 클레임 발생으로 금액 보상을 실시한 사례 조사 • 클레임 원인 분석 및 대책 실시 사항 조사 • 일반 A/S 사항에서 PL로 발전할 수 있는 사례 발췌 • 국내 소송(민법) 사례 및 ADR (Alternative Dispute Resolution) 처리 현황 조사 • 해외 PL 소송 사례 조사(사건 내용, 승소, 패소, 보상액 등)	• PL 클레임 조사 시 상세한 정황 수집 필요

NO	항목	추진 내용	비고
4	설계 및 공정 위험 분석 실시 (PL DFMEA & PFMEA)	• 안전성 관련 고장 모드 조사 • 위험 우선 순위(risk priority) 지정 • 원인 및 대책안 작성 • PS 대책 실시서 작성(경고 표시 대책 검토) • 세부 개선 계획서 작성 및 실행	• 사용자 오사용에 의한 위험 검토
5	보안 부품 설정 (Critical Parts)	• 부품(또는 A'ssy) 또는 약도, 사진 • 안전성과 관련된 규격 지정 • 검사 규격 조사(생산 단계 PS) • 검사 수행 상태 조사(생산 단계 PS) • 검사 성적서 작성 실태 조사 (생산 단계 PS) • 클레임 발생 상황 조사	• A'ssy보다는 가능한 단위 부품 레벨 선정
6	제품 규격 내 안전성 규격 조사	• 국내외 요구 SPEC 조사 • 자사 제품 규격 대비 평가 • 자사 검사 규격 대비 평가 (생산 단계 PS) • 자사 검사 실시 상태 조사 (생산 단계 PS)	• 국가 규격 보다는 사내 규격이 동등하거나 엄격해야 함

Q122 생산 단계에서 수행해야 할 제품 안전 확보 활동을 알고 싶습니다.

A 생산 단계에서의 제품의 안전성 확보는 설계 단계에서 설정된 안전성 규격을 그대로 준수하여 설계 품질을 생산 품질로 그대로 재현해야 합니다.

이를 위해서는 다음 〈그림〉과 같이 추진 포인트 단계에서 안전성과 관련된 공정을 보안 공정으로 지정하여 안전성에 영향을 미치는 인자를 찾아낸 후 이를 중점 관리 항목으로 등록, 관리할 수 있도록 공정을 설계하고, 보안 공정에 대하여는 작업 표준서 작성 시에도 공정 관리 항목과 작업 결과 확인해야 할 품질 특성치(검사 항목)를 명확히 하여 작업자가 이를 반드시 준수 및 검증할 수 있도록 해야 합니다.

검사 부문에서는 보안 부품으로 지정된 부품에 대하여

인수 검사(수입 검사, 입고 검사) 시 검사를 철저하게 수행하고, 납품 검사 성적서로 인수 검사를 대체할 경우에는 설계에서 정한 품질 특성치와 납품 검사 성적서 검사 결과를 꼼꼼히 비교하고, 필요 시 납품 업체 방문 후 공정 진단을 실시하여 입고 품질의 질적 수준(정확성)을 파악해야 합니다.

이 사항들에 대한 추진 포인트를 그려 보면 다음 〈그림〉과 같습니다.

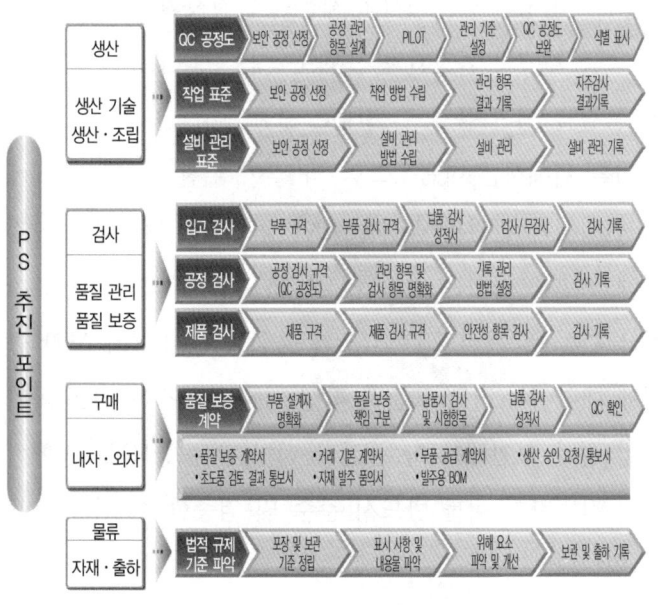

〈그림〉 생산 단계 PS 추진 포인트

Q123 PL을 고려한 구매 계약서 사례를 소개해 주세요.

A 구매 부문에서는 구매 계약서 작성 시 제조물 책임과 관련하여 소비자에게 손해 배상을 해야 할 경우, 책임 범위를 회사 간 명확히 해야 하며, 물류 부문에서는 취급, 보관, 출하에 있어서 제품의 안전성이 확보될 수 있도록 모든 작업의 표준화를 실시해야 합니다.

제조물 책임(PL) 소송에 대하여 물품 구매 시 거래 기본 계약서나 구매 특약에 제조물 책임 관련 사항을 첨가하고 있으며, 일반적인 사례 한 가지를 소개해 드리면 다음 〈표〉와 같습니다.

〈표〉 구매 계약서 작성 (예)

제OO조(제조물 책임)

① 을은 갑이 발주한 부품에 결함이 발생하지 아니하도록 최선을 다하여야 한다.

② 갑은 을이 납품한 부품에 대하여 갑에게 제조물 책임 청구 또는 소송이 제기된 경우에는 이에 따른 손해 배상 청구 또는 소송을 방어하며, 기타 이에 필요한 비용을 부담한다.

③ 갑은 자기의 귀책 사유가 없음에도 불구하고 제2항에 의하여 청구 또는 소송에 따른 관련 비용을 부담한 경우에는 을에게 구상할 수 있다.

④ 갑과 을은 제2항에 의한 청구 또는 소송의 발생 방지·방어 및 대책 수립에 상호 적극 협조한다.

Q124 'PL법 관련 경고 표시에도 작성 포맷이 있다'고 하는데, 어떤 규칙에 따라 경고 표시를 작성해야 하는지 그 구성 요소를 알고 싶습니다.

A 경고 표시는 일반적으로 제품 본체나 안전 장치 추가 등으로도 제품의 위험을 기술적으로 제거할 수 없을 경우나 소비자의 오사용으로 인하여 위험이 발생할 수 있는 요소를 사전에 방지하기 위하여 사용합니다.

이에 대한 연구는 1970년대 후반, 미국을 중심으로 발전되어 왔으며, 미국에서 제정한 경고 표시 기준인 ANSI Z 535.4를 대부분의 국가에서도 준수하고 있습니다.

우선적으로 제품 안전 표시 및 라벨 내용의 구성은

첫째, 특정 위해(危害)

둘째, 위해의 심각 정도 또는 수준

셋째, 위해가 야기되는 발생 가능 결과

넷째, 위해의 예방법

을 사람에게 경고해 주어야 합니다.

이를 위한 경고 표시(라벨)의 기본적인 구성과 그 구성 요소를 표시하면 다음 〈그림〉 및 〈표〉와 같습니다.

각 구성 요소에 대하여 간략히 설명 드리겠습니다.

우선 패널(panel)이 무엇인지 알아야 합니다.

패널이란 선(line), 경계선(border) 또는 여백(margin)에 의하여 그려진, 또는 표시의 인접 지역과는 다른 독특한 배경 색상을 가진 안전 표시 구역(area)을 말합니다.

경고 표시 하나당 3개까지 패널 사용이 허용될 수 있으며. 패널의 구성은 시그널 워드 패널, 메시지 패널, 심볼 / 팩토리얼 패널의 3가지 영역으로 구분할 수 있습니다.

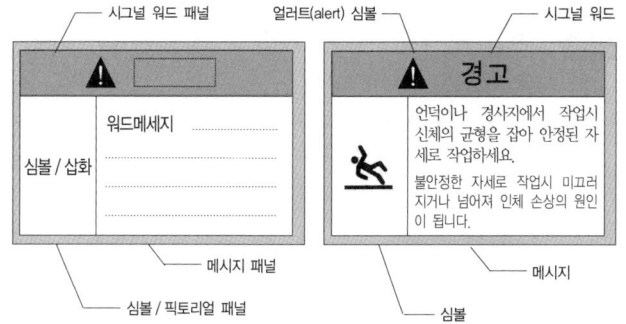

〈그림〉 경고 표시(라벨)의 구성

〈표〉 경고 표시의 구성 요소

NO	패널명	기재 내용
1	시그널 워드 패널 (signal word panel)	위험의 정도를 나타내는 경고 시그널을 정의하는 부분으로 안전 경고 기호인 얼러트(alert) 심볼을 포함하여 표시하는 부분
2	메시지 패널 (message panel)	위험을 회피하기 위한 행위와 회피하지 않았을 때 발생할 수 있는 결과를 나타내는 문장을 기술하는 부분
3	심볼/픽토리얼 패널 (symbol/pictorial panel)	메시지 패널의 내용을 그림으로 표현한 사각 형태의 부분

Q125 경고 표시에 있어서 시그널 워드 종류와 정확한 사용 색상을 알려 주세요.

A 시그널 워드란 위험(위해)의 정도 또는 수준을 명시하는 단어로 일반적으로 다음 〈표 1〉과 같이 3가지로 분류합니다.

〈표 1〉 시그널 워드의 정도

NO	시그널 워드	의 미
1	위험(danger)	피하지 않으면 사망 혹은 심각한 중상이 발생될 수 있는 긴급한 위험 상태에 사용
2	경고(warning)	피하지 않으면 사망 혹은 중상이 발생될 수 있는 잠재적인 위험 상태에 사용
3	주의(caution)	피하지 않으면 경상 정도의 상해가 발생될지도 모를 잠재적인 위험 상태 또는 불안전한 행위에 대해서도 사용

다음 〈표 2〉는 안전을 표시하는 색상으로 미국 국제 표준 색상 코드(ANSI Z 535.1)에 의거한 것입니다.

〈표 2〉 안전 색상

NO	안전 색상	사용 용도
1	적색 (red)	위험(danger)에 해당되는 위험이 존재할 경우 사용
2	오렌지색 (orange)	경고(warning)에 해당되는 위험이 존재할 경우 사용
3	황색 (yellow)	주의(caution)에 해당되는 위험이 존재할 경우 사용

Q126 경고 표시를 적절히 하기 위해서 검토해야 할 사항에는 어떤 것들이 있는지 알고 싶습니다.

A 경고 표시를 위하여 기본적으로 검토해야 할 사항을 다음 〈그림〉과 같이 그려 보았습니다.

소비자가 경고 내용을 알게 하기 위해서는 경고 등급, 경고 내용, 미회피 시 소비자에게 예상되는 피해가 기본적으로 표시되어야 하며, 추가로 경고 내용의 이해 용이성, 소비자 준수 가능성, 경고 라벨의 부착 위치 등도 고려해야 합니다.

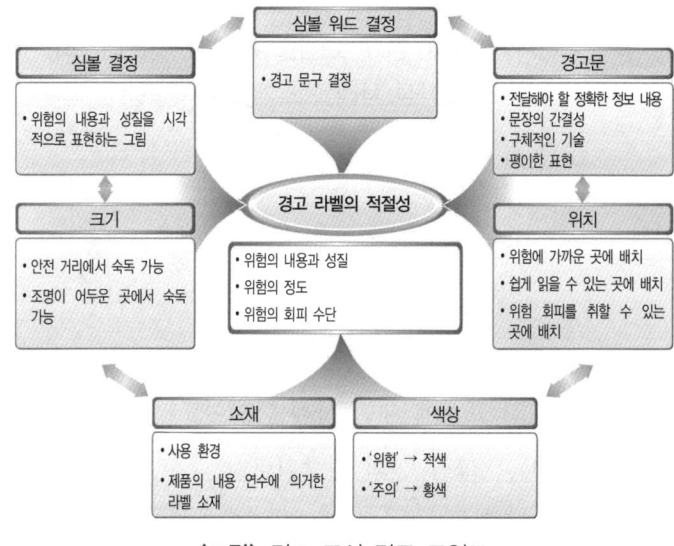

〈그림〉 경고 표시 검토 포인트

Q127 자사 제품에 경고 표시를 하려고 하는데, 타사의 경고 표시 작성 사례를 소개해 주세요.

  경고 표시에 대한 사례를 보여드리면 다음 〈그림 1〉, 〈그림 2〉와 같습니다.

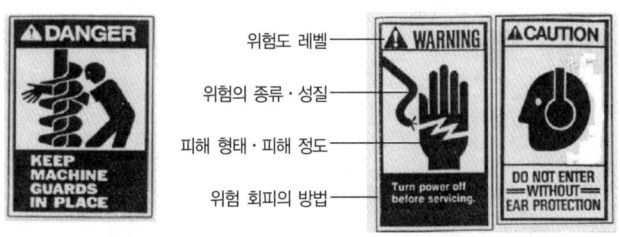

〈그림 1〉 경고 라벨 작성 사례

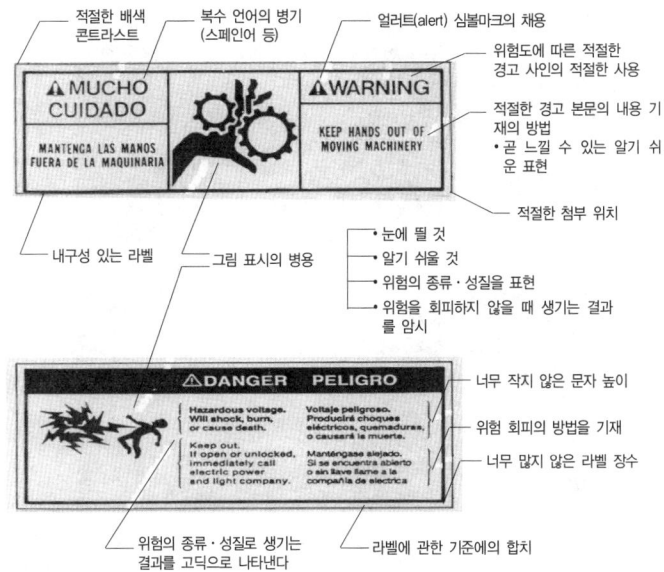

※ 위험의 종류와 생기는 피해에 대해서는 그림 표시에 맡기고, 경고 본문은 위험 회피에 중점을 둔다.

〈그림 2〉 경고 라벨 작성 사례

기타 소비자의 제품 사용 시 안전성 향상을 위하여 제품 카탈로그, 브로슈어 등에도 '제품 사용 전 반드시 사용설명서를 숙지하세요'라는 문구들을 삽입하면 더욱 좋습니다.

〈그림 3〉은 일본 파나소닉사의 노트북 카탈로그에 표기되어 있는 경고문 사례입니다.

⚠ 安全に関するご注意	
●ご使用の際は、取扱説明書をよくお読みのうえ、正しくお使いください。	水、湿気、ほこり、油煙等の多い場所に設置しないでください。火災、故障、感電などの原因となることがあります。表示された正しい電源、電圧でお使いください。

 안전한 사용을 위하여

- 사용 전에 취급설명서를 잘 읽으신 후 올바르게 사용하세요.
- 물, 습기, 먼지, 그을음 등이 많은 장소에 설치하지 마세요.
- 화재, 고장, 감전 등의 원인이 되는 수가 있습니다.
- 표시된 올바른 전원, 전압으로 사용하세요.

〈그림 3〉 파나소닉사의 노트북 카탈로그

Q128 제품에 나타내는 주의 또는 경고 사항 문구를 어느 범위까지 나타냈을 때 소비자에 대한 피해 보상을 피해갈 수 있는지요?

A 경고 표시를 통한 기업 리스크의 최소화를 위해서는 우선 경고 표시를 어떤 경우에 하는 것인지를 분명하게 이해하는 것이 좋습니다.

경고 표시란 다음 〈그림〉에서 보는 것과 같이 제품 설계 시 현재의 기술적인 능력으로는 도저히 제품 사용에 대한 위험을 배제시킬 수 없는 경우에 사용자에게 이를 고지함으로써 사용자의 안전을 확보시키는 수단입니다.

그러나 만약 경고 표시를 하여도 제품의 위험을 원천적으로 배제시킬 수 없는 경우라면 궁극적으로 제품화를 중지해야 하는 것입니다.

경고 표시란 제품 사용 시 '합리적으로 예측이 가능한 위험'에 대하여 실시하는 것입니다. 즉 소비자가 의도된

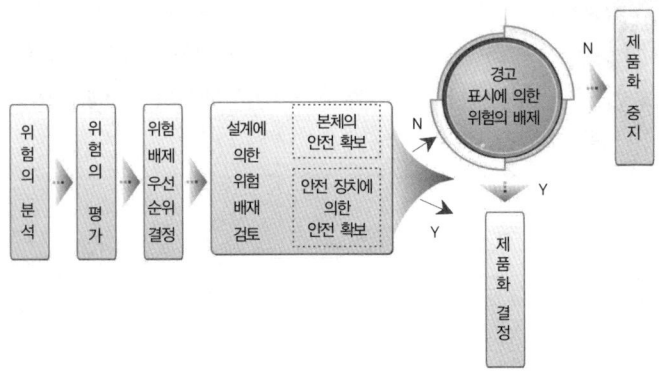

〈**그림**〉 제품의 안전성 확보

제품의 기능을 사용 시 제품에 대한 지식 부족이나 비의도적인 오사용에 대하여 경고 표시를 해야 한다는 뜻입니다.

반대로 이야기하면 의도적으로 본래 제품의 사용 용도와 다르게 제품을 사용하는 것에 대하여는 경고 표시를 하지 않아도 된다는 뜻입니다. 예를 들어 칼을 사용하는 소비자에게 '이 칼로 신체를 찌르면 다칠 수 있으니 조심하라'는 경고는 하지 않아도 된다는 것으로, 이를 전문적인 용어로 '비합리적인 오사용'이라고 합니다.

Q129 QC 공정도에서 검사 항목과 관리 항목에 대한 정확한 의미와 관리 방법이 궁금합니다.

A 품질 관리 공정도란 원재료(자재)가 들어와 완제품이 되기까지의 과정을 공정 도시 기호를 사용해 나타내고, 각 공정별 관리 방법을 기술한 문서를 말합니다.

관리 방법이란 크게 관리 항목과 검사 항목으로 구분하며, 관리 항목이란 해당 공정의 품질 특성치를 좋게 하기 위해 관리해야 할 항목으로 주로 온도, 압력, 속도, 배합비 등이 이에 해당됩니다.

검사 항목이란 품질 특성치를 의미하며, 공정의 관리 결과를 평가할 수 있는 항목을 의미합니다. 예를 들어 강도, 길이, 무게 등이 이에 해당합니다.

관리 항목과 검사 항목에 대한 의미는 다음 〈그림〉과 같

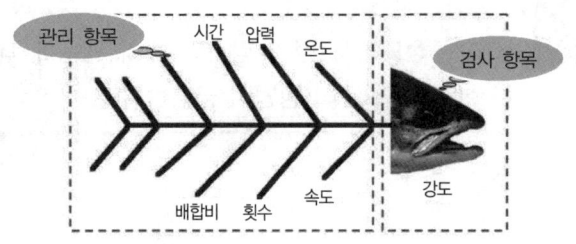

〈그림〉 관리 항목과 검사 항목의 의미

이 특성요인도로 설명 드리면 이해가 쉬울 것 같습니다.

관리 항목이란 원인계 요소로서 이것을 잘 관리하면 결과계(품질 특성), 즉 품질 특성이 좋아진다는 원리이지요.

다음으로 이를 관리하기 위한 방법은 다음과 같습니다.

관리 항목이란 생산 작업자가 주축이 되어 관리하는 사항으로 대체적으로 〈표 1〉과 같은 형식으로 관리합니다.

검사 항목이란 검사원이 주축이 되어 관리하는 사항으로 대체적으로 〈표 2〉와 같은 형식으로 관리합니다. 때에 따라서는 검사 항목을 생산 작업자가 주축이 되어 직접 관리하는 경우도 있는데, 이런 경우 자주 검사를 실시한다고 합니다.

〈표 1〉 관리 항목 관리 방법(예)

항목명	기 준	주 기	방 법
성형 온도	120 ± 10℃	1회/8HR	온도계 측정

〈표 2〉 검사 항목 관리 방법(예)

항목명	기 준	방 식	조 건
인장강도	150kgf/cm² 이상	KS Q ISO 2859-1 (계수값 검사에 대한 샘플링 검사)	1회, G-Ⅱ AQL=2.5%

Q130 요즘 유행하는 도요타식 경영 기법에서의 TPS와 JIT에 대해 상세히 알려 주세요.

A TPS(Toyota Production System)란 도요타 생산 시스템으로서 일본의 도요타자동차에서 30여 년 동안 연구·개발하여 성공한 도요타만의 독특한 생산 방식입니다.

기본적으로는 산업 공학(Industrial Engineering) 이론을 기초로 하였지만, 이를 이론적으로 보다는 실제적으로 현장 생산라인에 적용하였다는 데에 그 의미가 더욱 크다고 볼 수 있습니다.

TPS의 특징을 살펴보면 다음과 같습니다.

첫째, 경영에 직결되는 전사적 개선 활동입니다.

작업자 증가나 감소에 대하여 단순히 인건비만 고려하지 않고, 그에 따른 스페이스, 팔레트, 컨베이어, 창고 등의 종합적인 사항을 고려하며, 생산 공정에서도 필요한 것을, 필요한 때에, 필요한 만큼 만든다는 사고방식입니다.

둘째, 사실을 중요시하는 과학적 태도입니다.

부적합 발생 시 데이터만 가지고 파악하지 않고, 실제 부적합이 발생한 현장을 직접 찾아가 진실된 원인을 파악합니다.

셋째, 현장 위주의 관리 방식입니다.

모든 관리 방식을 현장을 중심으로 수립하고 실시합니다. 관리 부문은 현장 지원을 위한 부문이지 현장을 지휘·감독하는 조직이 아님을 강조합니다.

넷째, 경제성에 의한 판단을 실시합니다.

공수를 줄이기 위하여 장비 투자를 할 수도 있지만, 공정 변경을 통하여 투자 없이 공수를 절감하는 방식을 지향합니다. 즉, 투자를 통한 큰 개선보다는 투자가 없는 작은 개선을 중요하게 생각한다는 것입니다.

다섯째, 변화에 대한 적용성입니다.

계획이란 어제나 변경될 수 있는 것이므로 계획 변경 시 신속히 대응할 수 있는 체제를 구축합니다. 이를 위해서는 3불(불합리·불필요·불균일)을 통하여 가볍게 움직일 수 있는 기업 체질을 만들어 나갑니다.

여섯째, 실천적 공수 절감 운동입니다.

공수 절감(省力化 : 작업자들의 공수를 조금씩 줄이는 것)보다는 인원 절감(省人化 : 작업자 수를 줄이는 것)을 지향합니다.

이는 작업자 10명들의 공수가 조금씩 줄어도 결국 10명의 인건비는 고정비로 발생하기 때문에 효과라고 보기 어려우며, 10명이 하던 일을 9명이 함으로써 진정한 공수 절감의 효과가 발생한다는 뜻입니다.

다음으로 JIT(Just In Time)란 '적기 생산'이란 것으로 적시에 원자재를 받아 가공하고, 적시에 가공 부품을 조립하고, 적시에 조립 부품을 완제품으로 조립하여, 적시에 인도(판매)하는 것입니다.

일반적으로 JIT를 '간판 방식'이라고 알고 있는데, 좀 더 정확한 의미는 JIT를 실현하기 위하여 도요타에서 고안해 낸 것이 간판 방식인 것입니다.

간판 방식이란 쉽게 말해 현재의 재고, 가공, 출하 상태를 각종 간판(납품 간판, 작업 지시 간판, 회수용 간판, 신호 간판 등)을 사용하여 실시간적으로 파악함으로써 '적기 생산'을 실현하는 것입니다.

간판 생산 방식의 기본 사고는 '내 공정에서 만든 가공품을 후공정에 보내는 것이 아니라, 후공정에서 요구한 수량만큼을 내 공정에서 가공해 보낸다'는 것이 큰 사고방식의 전환입니다.

간판 방식에 대한 중점 추진 항목을 나타낸 것이 다음 〈그림〉입니다.

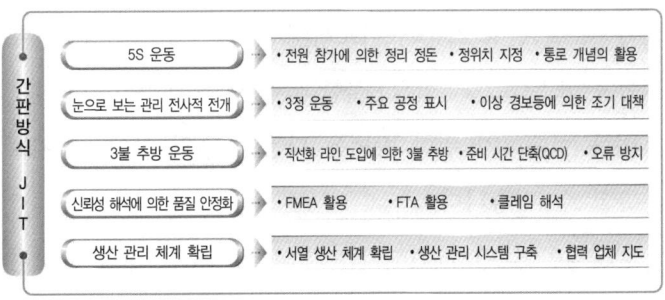

〈그림〉 간판 방식 적용을 위한 중점 추진 항목

Q131 검사 방법의 종류에는 어떤 것이 있는지와 검사 비용의 적정성을 알고 싶습니다.

A 검사란 것은 물품을 어떤 방법으로 측정한 결과를 판정 기준과 비교하여 개개의 물품의 양품·부적합품, 또는 로트의 합격·불합격의 판정을 내리는 것입니다.

이를 실행하기 위한 방법은 다음 〈표〉와 같이 3가지로 분류할 수 있습니다.

검출력을 높이기 위해서는 입고되는 모든 물품에 대해 전수 검사가 필요하지만, 기업에서 검사의 경제성을 무시하고 완벽성만을 추구하기에는 많은 어려움이 있는 것 또한 현실입니다.

예를 들어 부적합품률이 p인 공정으로부터 생산된 N개의 제품을 검사하는 경우, 단위 제품당 검사 비용이 A원이고 부적합품으로 인한 손실 비용이 B원이라면

〈표〉 검사 방법에 의한 분류

NO	검사 방법	내 용
1	전수 검사	제품의 개개의 단위에 대하여 모두 검사하는 것으로 제품이 고가일 때, 치명적인 부적합을 조사할 때, 부적합품이 많아서 선별을 요할 때 적용
2	샘플링 검사	제품의 로트(모집단)에서 채취한 시료를 조사하여, 그 결과를 판정 기준과 비교 후 로트의 합격·불합격을 결정하는데 적용
3	체크 검사	제조의 공정 관리 또는 기계의 조정 등을 위하여 소수의 시료를 빼내어 체크하고, 작업 진행의 가부를 확인할 때 적용

전수 검사의 검사 비용 $= AN$원,

무검사의 손실 비용 $= BpN$원

이므로 $AN < BpN$이면 전수 검사를, 그렇지 않으면 검사를 하지 않는 것이 유리합니다. 또한 두 방법의 비용을 동일하게 하는 임계 부적합품률 P_b는

$$AN = BP_b N$$

으로부터 $P_b = A/B$가 됩니다. 따라서 로트의 부적합품률 p가 $p > P_b$이면 전수 검사를 하고, 그렇지 않으면 검사를 실시하지 않는 것이 보다 경제적이라고 볼 수 있습니다.

Q132 각종 샘플링 방식 중 일반적으로 많이 사용하는 샘플링 방식은 무엇입니까?

A 샘플링이란 전수 검사하기에는 비용과 시간이 너무 소요되어 모집단에서 일부 대표되는 데이터를 추출하여 모집단의 상태를 추정하기 위하여 실시합니다.

여기서 중요한 것은 '모집단을 대표할 수 있는'이란 말입니다. 모집단을 대표하기 위해서는 모집단 내의 데이터가 시료로 뽑힐 확률이 동일해야 합니다. 이것을 '랜덤 샘플링'이라 합니다.

개인이 의지를 갖고 데이터를 추출하게 되면 모집단의 상태를 정확히 파악할 수 없으며, 이런 샘플링을 유의(有意, purposive sampling) 샘플링이라 하여 모집단 내의 데이터가 시료로 뽑힐 확률이 동일하다고 볼 수 없는 샘플링입니다.

또한 랜덤 샘플링 방식도 〈표〉와 같이 여러 가지가 있으나 단순 랜덤 샘플링 방식을 가장 많이 활용합니다.

〈표〉 샘플링 방식의 종류

NO	샘플링 방식	샘플링 방법	비 고
1	단순 랜덤 샘플링	모집단을 난수표나 난수 주사위를 사용하여 임의로 샘플링하는 것	난수표 대신 주사위 사용 가능
2	계통 샘플링	시간적 또는 공간적으로 일정한 간격을 두고 샘플링 하는 방법 단, 주기적인 제조상의 변동 요인이 예상될 경우에는 사용 불가	생산 품질이 랜덤하다고 가정 아래 사용
3	지그재그 샘플링	계통 샘플링이 주기적인 변동 발생 시 사용하지 못하는 단점을 보강하기 위한 샘플링 방식으로, 샘플링 순서를 지그재그로 실시	계통 샘플링의 단점을 보강하기 위한 샘플링
4	층별 샘플링	모집단을 몇 개의 층(군)으로 나누어 랜덤 샘플링을 실시하는 것 1) 비례 샘플링 : 각 층(군)의 크기에 비례하여 샘플링 2) 네이만 샘플링 : 각 층(군)의 크기와 표준 편차에 비례하여 샘플링 3) 데밍 샘플링 : 각 층(군)의 샘플링 비용을 고려하여 샘플링	-

NO	샘플링 방식	샘플링 방법	비 고
5	취락 샘플링	모집단을 여러 개의 취락으로 나누어(취락 간의 차는 작게, 취락 내의 차는 크게) 몇 개의 서브 로트를 취한 후 전부 검사하는 방법	-
6	2단계 샘플링	모집단을 몇 개의 부분으로 나누어, 먼저 제1단계로 그 중의 몇 개 부분을 샘플(1차 시료)로 추출하고, 다음에는 제2단계로 그 부분 중에서 몇 개의 단위체 또는 단위량(2차 시료)을 추출하는 샘플링 방법	-
7	다단계 샘플링	3단계 이상으로 샘플링하는 것	-

랜덤 샘플링 방법에 대한 좀 더 구체적인 방법은 KS Q 1003(랜덤 샘플링 방법) 및 KS Q ISO 24153(랜덤 샘플링 및 랜덤화 절차)을 참고하시기 바랍니다.

Q133 샘플링 종류에서 '집락(취락)' 샘플링이 있는데 샘플링을 어떻게 하라는 것인지 잘 모르겠습니다. 알기 쉽게 설명해 주세요.

A 샘플링이란 모집단(검사하기 위해서 모아진 덩어리)에서 샘플(표본 시료)을 뽑아내는 것입니다. 전수 검사에서는 이런 행위가 필요 없겠지만 샘플링 검사에서는 전체를 검사할 수가 없기 때문에 모집단을 대표할 수 있는 표본들을 골라내야 검사의 정확도가 높아집니다.

그럼 어떻게 표본을 뽑아내야 할까요?

모집단에서 표본을 뽑아내는 방법도 여러 가지가 있는데, 그 가운데 한 가지 방법에 취락 샘플링(clustering sampling)이란 것이 있습니다.

취락(집락) 샘플링이란 집단을 여러 개의 서브 로트로 나누어, 이 가운데 몇 개의 서브 로트를 취한 후 전부 조사하는 방법을 말합니다. 말로 하는 것보다 그림으로 설명하면 이해하기 쉬울 것입니다.

예를 들어 한 박스에 10개씩 부품이 들어가 있고, 이런 박스가 10개 있다고 할 때 10개의 표본을 취하는 방법은 〈그림 1〉과 같이 10개의 박스 중 어느 한 박스를 골라내 그 속에 들어간 부품 10개를 모두 검사하는 것을 말합니다.

이외에도 층별 샘플링(층화, stratified sampling)이란 것이 있는데, 이는 각 박스에서 부품을 1개씩 뽑아내는 방법입니다. 〈그림 2〉와 같이 한 박스에서 1개씩 뽑아내면 전체가 10박스이므로 총 10개의 부품이 뽑히겠죠. 이렇게 뽑힌 10개를 모두 검사하는 방법입니다.

역시 이를 그림으로 설명하면 다음 〈그림 2〉와 같습니다.

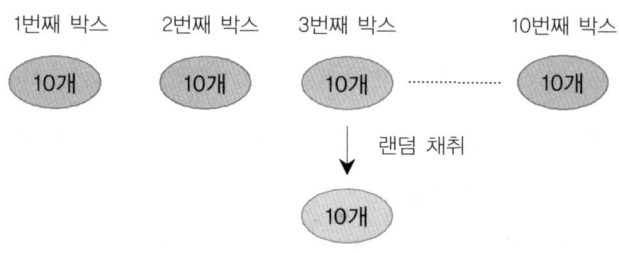

〈그림 1〉 취락 샘플링 방식

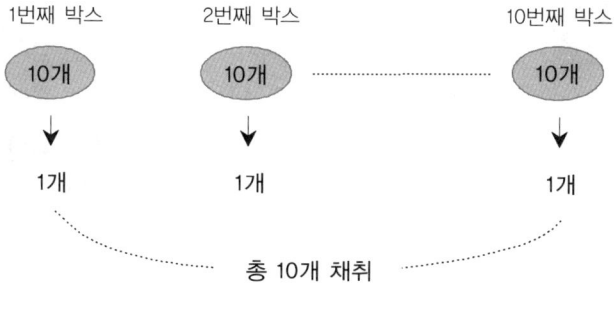

〈그림 2〉 층별 샘플링 방식

Q134 계수 조정형 샘플링 검사 적용 시 샘플 검사 수량을 당사에서 임의적으로 만들어 사용하는 것이 가능한지요? 체크 검사로는 위험하고, 샘플링 검사는 시료수가 많아 시간 및 비용이 많이 발생되기 때문에 실행이 어려운 상태입니다.

A 대부분의 기업에서 샘플링 검사를 실시하지 못하는 이유 중 하나이기도 합니다. 계수 조정형 샘플링 검사(KS A ISO 2859, 개정 전 KS A 3109)가 샘플 수량이 많아 문제가 된다면 검사 엄격도나 검사 수준을 변경해 보시기 바랍니다.

이를 임의로 변경한다는 것은 근본적인 샘플링 검사 방식의 설계에 다소 위배되기는 하나 체크 검사를 실시하는 것보다는 품질 수준을 파악하기가 훨씬 용이합니다.

예를 들어 어떤 제품의 검사를 위하여 AQL은 2.5%, 로트의 크기 1,000에 대한 1회 샘플링으로 보통, 까다로운 및 수월한 검사 시의 표본(샘플, 시료)의 크기에 변화를 살펴보면 다음과 같습니다.

- **검사 엄격도 조정 시[검사 수준은 일반 검사 수준 Ⅱ(G-Ⅱ)]일 때**

  1) 보통 검사의 경우

로트의 크기(N)	시료의 크기(n)	합격판정개수(Ac)	불합격판정개수(Re)
1000	80	5	6

  2) 까다로운 검사의 경우

로트의 크기(N)	시료의 크기(n)	합격판정개수(Ac)	불합격판정개수(Re)
1000	80	3	4

  3) 수월한 검사의 경우

로트의 크기(N)	시료의 크기(n)	합격판정개수(Ac)	불합격판정개수(Re)
1000	32	3	4

- **검사 수준 변경 시(엄격도는 보통 검사일 때)**

  1) G-Ⅰ 수준의 경우

로트의 크기(N)	시료의 크기(n)	합격판정개수(Ac)	불합격판정개수(Re)
1000	32	2	3

  2) G-Ⅱ 수준의 경우

로트의 크기(N)	시료의 크기(n)	합격판정개수(Ac)	불합격판정개수(Re)
1000	80	5	6

3) G-Ⅲ 수준의 경우

로트의 크기(N)	시료의 크기(n)	합격판정개수(Ac)	불합격판정개수(Re)
1000	125	7	8

4) S-1 수준의 경우

로트의 크기(N)	시료의 크기(n)	합격판정개수(Ac)	불합격판정개수(Re)
1000	5	0	1

5) S-2 수준의 경우

로트의 크기(N)	시료의 크기(n)	합격판정개수(Ac)	불합격판정개수(Re)
1000	5	0	1

6) S-3 수준의 경우

로트의 크기(N)	시료의 크기(n)	합격판정개수(Ac)	불합격판정개수(Re)
1000	20	1	2

7) S-4 수준의 경우

로트의 크기(N)	시료의 크기(n)	합격판정개수(Ac)	불합격판정개수(Re)
1000	20	1	2

즉 검사 엄격도나 검사 수준의 변경에 따라 표본의 개수는 많은 변화가 있으니, 이 가운데 최소 표본을 선택하여 사용하는 방법을 고려해 보시기 바랍니다.

Q135 계수 조정형 샘플링 검사에서 검사 수준의 설정은 어떻게 하는 것인가요? 또 검사 엄격도의 변경은 수시로 가능한가요?

A 계수 조정형 샘플링 검사 방식은, KS A ISO 2859-1(2001년 12월 31일 제정)이 KS Q ISO 2859-1[로트별 합격 품질 한계(AQL) 지표형 샘플링 검사(2010년 12월 31일 개정)]로 개정되었으며 '계수값 검사에 대한 샘플링 검사 절차'에 규정되어 있습니다.

인수 검사, 공정 검사, 최종 검사의 검사 수준을 설정할 때는 제품 가격과 검사 비용 등 경제적 조건을 고려하여 결정하는 것이 바람직합니다. 검사 수준은 크게 통상 검사 수준과 특별 검사 수준의 2종류로 구분할 수 있습니다.

일반 검사에 비하여 특별 검사는 샘플(표본)의 수를 최소로 할 수 있도록 규정한 방식으로 소시료 검사라고 합니다. 이 방식은 파괴 검사나 비용이 많이 드는 검사(고가품)에 적용하는 것이 좋습니다.

또한 통상 검사에는 3종류(G-Ⅰ, G-Ⅱ, G-Ⅲ), 특별 검사의 경우에는 4종류(S-1, S-2, S-3, S-4)의 검사 수준이 정해져 있습니다. 통상 검사 수준 Ⅰ, Ⅱ, Ⅲ 간의 시료의 크기 비율은 대략 0.4 : 1 : 1.6으로 되어 있습니다. 최초로 검사를 실시할 때에는 특별한 지정이 없는 한 통상 검사 수준 Ⅱ를 적용하도록 하고 있습니다.

다음으로 검사 엄격도는 보통 검사, 까다로운 검사, 수월한 검사 의 3가지 종류가 있으며, 이 또한 특별한 지정이 없는 한 보통 검사로 시작합니다.

검사를 지속적으로 실행하면서 납품자(또는 공정 작업자)에게 품질 향상의 자극을 주기 위하여 검사의 엄격도 조정이란 것을 실시합니다. 이 역시 최초 검사 시에 보통 검사로 시작합니다.

이후의 엄격도 조정 방법은 다음 〈그림〉과 같이 실시합니다.

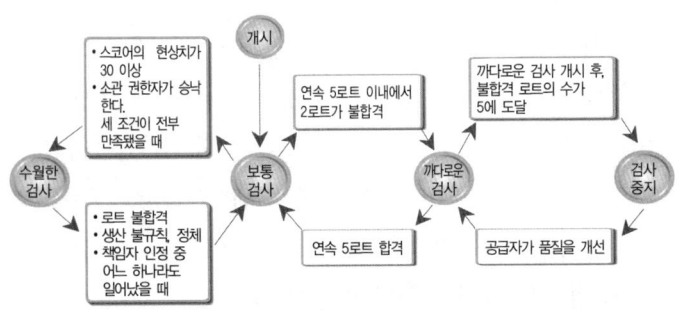

〈그림〉 엄격도 조정 절차

Q136
인수 또는 출하 검사 시 수량이 일정할 때만 샘플링 검사를 할 수 있는지요? 또 다품종 소량 생산에서는 전수 검사를 해야 하는지요? 전수 검사를 한다면 검사 시간을 최소화할 수 있는 방법이 있는지 궁금합니다.

A 샘플링 검사란 모집단의 크기(수량)가 항상 변하여도 사용이 가능합니다. 어떠한 샘플링 방식을 선택하여도 모집단의 크기(N)가 얼마인지를 묻도록 구성되어 있습니다. 예를 들어 다음 〈표〉와 같이 현장에서 가장 많이 사용되고 있는 계수 조정형 샘플링 검사의 경우 로트의 크기(검사 대상 수량)이 얼마만큼의 크기인가에 따라 시료 문자(시료 문자는 향후 샘플 수량을 결정하는데 사용)를 선정하도록 구성되어 있습니다.

이 표에서도 모집단의 크기가 2개에서부터 50만 개 이상일 때까지를 선택할 수 있도록 표가 구성되어 있음을 알 수 있지요.

단, 모집단의 크기보다 샘플 수량이 크게 나오는 경우에

〈표〉 KS A ISO 2859-1 시료 문자

로트의 크기	특별 검사 수준				일반 검사 수준		
	S-1	S-2	S-3	S-4	I	II	III
2~ 8	A	A	A	A	A	A	B
9~ 15	A	A	A	A	A	B	C
16~ 25	A	A	B	B	B	C	D
26~ 50	A	B	B	C	C	D	E
51~ 90	B	B	C	C	C	E	F
91~ 150	B	B	C	D	D	F	G
151~ 280	B	C	D	E	E	G	H
281~ 500	B	C	D	E	F	H	J
501~ 1,200	C	C	E	F	G	J	K
1,201~ 3,200	C	D	E	G	H	K	L
3,201~ 10,000	C	D	F	G	J	L	M
10,000~ 35,000	C	D	F	H	K	M	N
35,000~150,000	D	E	G	J	L	N	P
150,001~500,000	D	E	G	J	M	P	Q
500,001 이상	D	E	H	K	N	Q	R

는 전수 검사를 실시하라는 것입니다.

다음으로 검사 시간을 최소화할 수 있는 검사 방법은 다음 3가지 사항을 고려하면 좋습니다.

첫째, 검사 시간이 적게 걸리는 항목부터 검사합니다.

그래야 시간이 없을 경우 모든 항목을 검사하지 않고서도 부적합의 판단을 바로 내릴 수가 있습니다.

둘째, 평소 부적합품률이 높은 것부터 검사합니다.

과거 경험을 토대로 하여 부적합품이 많이 나오는 항목부터 검사함으로써 부적합의 판단을 빨리 내릴 수가 있습니다.

셋째, 수정(수리, 재작업)할 수 있는 항목부터 검사합니다.

부적합이 나왔을 경우 수정이 가능한 항목부터 검사를 실시함으로써, 빨리 수정을 한 후 재검사를 실시할 수가 있습니다.

Q137 부품 및 원자재 입고 시 '수입 검사 성적서'가 같이 기록되어 오는데, 이것을 실무에서 어떻게 활용해야 하는지요?

A 대부분의 회사를 컨설팅하다 보면 수입 검사 성적서(납품 성적서)가 파일링은 잘 되어 있는데, 정작 이 성적서를 왜 입수하고 어떻게 활용하는가를 물으면 말문이 막히는 회사가 많습니다.

회사 업무의 비능률 요소 제거에 가장 장애가 되는 요소가 '무의식적인 반복'입니다. 왜 내가 이 행위를 하는지, 이 행위가 꼭 필요한 일인지, 이 행위의 부가 가치는 있는지, 이 행위를 다르게 개선 할 수는 없는지 등의 '생각을 하는 업무'가 필요한데 대부분의 사람들은 거의 습관적으로 일을 할 뿐 효율성을 생각하지 않고 있다는 것입니다.

수입 검사 성적서만 해도 그렇습니다. 이 서류(품질 기록)는 자사에서 구입해서 쓰는 품목의 품질 수준은 어떤지를 판정할 수 있는 서류로서, 입고되는 부품(원부자재)의 하자(결점)를 사전에 제거하기 위하여 작성합니다.

자사에서 입고되는 부품의 품질 특성을 확인할 수 있는 장비(시험 설비)를 다 구입하고 입고할 때마다 확인을 해도 되지만, 이는 시간과 비용 측면에서 많은 로스가 있을 수 있으므로 그 물건을 만든 회사에서 품질을 보증할 수 있도록 업무를 위임하는 것입니다.

따라서 자사에서는 이를 다음과 같이 활용해야 합니다.

첫째 성적서 내용이 그 부품의 품질을 보증할 수 있는지를 확인합니다.

자사에서 협력 업체 부품 승인 시 지정한 항목에 대한 검사가 누락된 것은 없는지, 품질 수준은 동일한지 등을 확인합니다.

둘째 공정 부적합 내용이 부품의 하자로 인한 것인지 확인합니다.

수입 검사 완료품이 공정에 투입되어 부적합품 발생 시 그 원인이 부품에 있었다면 수입 검사 성적서 내용이 거짓일 수 있다고 의심을 해볼 수 있습니다.

일부 협력 업체에서는 검사도 시행하지 않고 거짓 데이

터를 추정하여 기록하기도 합니다. 납기는 급하고 생산이 지연될 경우에는 더욱 자주 발생합니다.

셋째 협력 업체 관리 자료로 활용합니다.

특히 공정 부적합이나 제품 출하 후 클레임이 많은 부품은 해당 협력사를 주기적으로 방문하여 공정 관리 및 완제품 검사 실태를 파악하여 품질 개선 자료로 활용해야 합니다.

협력 업체 현장에서 같이 검사도 해보고 협력 회사의 품질 보고서도 확인하여 절대로 검사하지 않고 데이터를 작성하는 행위는 엄하게 처벌을 해야 합니다.

더불어 질책만 할 것이 아니라, 협력 회사의 품질을 높이기 위하여 자사(모기업)에서 지원할 것이 있으면 최대한 지원할 수 있도록 노력도 해야 합니다.

이외에도 2002년 7월 1일부터 국내에서도 제조물책임법이 시행되었으므로 PL 사고 발생 시 검사 성적서는 굉장히 중요한 법적 증거 자료로 활용되며, ISO 인증이나 사후 관리 심사 시, KS 인증 심사나 사후 관리 심사 시 등 여러 방면에 활용됩니다. 가장 중요한 것은 '성적서는 입수나 파일링이 중요한 것이 아니고, 성적서에 기재된 데이터를 활용'해야 한다는 것입니다.

Q138 신뢰도란 용어의 정확한 의미를 알고 싶습니다.

A 신뢰도란 어떤 아이템(제품, 부품 등)이 규정된 조건 속에서 정해진 기간 동안 의도한 기능을 수행할 확률을 의미합니다.

이를 좀 더 해석하여 보면 '규정된 조건'이란 사용 조건이나 사용 환경을 의미하고, '정해진 기간'이란 명시적으로나 묵시적으로 요구되는 수명 시간을 의미하며, '의도한 기능'이란 전기적 또는 기계적으로 고장이 나지 않고 동작하는 것이라 볼 수 있습니다.

좀 더 쉬운 말로 해석하면 '어떤 제품이 사용 기간 중 고장이 나지 않고 제 기능을 수행할 수 있는 확률'이라고 하면 될 것 같습니다.

Q139

초기 고장기와 우발 고장기 설비에 대한 사전 교환 및 예방 정비가 무의미한 이유는 무엇입니까? 오히려 마모 고장보다 초기 또는 우발 고장 발생 시 사용자의 불만이 더 클 것 같습니다. 초기 또는 우발 고장에 대한 예방 대책이 있다면 알려 주세요.

A 설비(제품) 고장률(failure rate)을 시간에 따라 그려보면 다음 〈그림〉과 같은 형태가 됩니다. 사용 초기에 고장이 많이 발생하다가 어느 정도 시간이 지나면 고장률이 적어지며, 일정 시간이 지나면 제품의 마모에 의해 고장률이 점차 증가하게 됩니다. 이런 고장률 형태가 마치 목욕탕의 욕조 모양과 흡사하다고 하여 신뢰성 공학에서는 '욕조 곡선(bathtub curve)'이라고 합니다.

욕조 곡선은 제품의 고장률을 시간의 함수로 나타낸 곡선으로 〈표 1〉과 같이 초기 고장기(debugging period라고도 함), 우발 고장기, 마모 고장기의 3가지로 구분할 수 있습니다.

이는 마치 인간이 태어나서 유아기에는 잔병이 많아 병

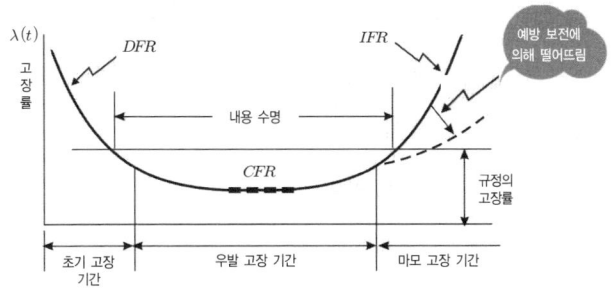

〈그림〉 고장률 곡선(욕조 곡선)

〈표 1〉 욕조 곡선의 구성

NO	시 기	고장률 특성	비 고
1	초기 고장기 (early failure period)	고장률 점차 감소 (Decreasing Failure Rate)	설계나 제조상의 결함에 의하여 발생
2	우발 고장기 (random failure period)	고장률 일정 (Constant Failure Rate)	예상치 못한 과부하(over stress)나 오사용에 의하여 발생
3	마모 고장기 (wearout failure period)	고장률 점차 감소 (Decreasing Failure Rate)	부품의 열화나 노화에 의하여 발생

원을 자주 다니게 되고, 청·장년기에 들어서면 사고가 나거나 몸이 너무 혹사되어야 병원에 가는 일 정도가 생기며, 노인기에 접어들면 신체가 노화되어 여기저기가 자주 아프게 되는 현상에 비유하면 이해가 쉬울 것 같습니다.

신뢰성 공학에서는 이런 형태를 고장률 곡선으로 모델링하여 욕조 곡선으로 제시하고 있습니다. 이런 정형화된 형태를 기준으로 하여 제품의 신뢰성을 추정하고, 신뢰도를 향상시키는 데 활용하고 있습니다.

귀하께서 제시한 것처럼 고객의 입장에서는 초기 고장과 우발 고장에 대해 불만이 많을 수 있습니다. 제품을 샀는데 동작이 안 되거나 사용 중에 고장이 잦으면 얼마나 짜증이 나겠습니까. 그래서 제품을 만드는 기업에서는 이를 최소화하기 위하여 부단히 노력하고 있습니다. 이에 대한 예방 활동 방법을 간략히 요약해 드리면 〈표 2〉와 같습니다.

초기 고장기와 우발 고장기에 설비에 대한 사전 교환 및 예방 정비가 무의미한 이유는 〈표 2〉의 내용과 같이 그 시기에는 제품의 노화나 열화에 의한 고장이 발생하지 않기 때문에 예방 정비(preventive maintenance)가 효과를 발휘하지 않는다고 보면 됩니다.

예방 정비가 필요한 시점은 바로 설비(제품)를 구성하는 부품(재료)가 수명을 다하는 시기 이전 시점에서 해당 부품을 미리 교체함으로써 고장 없이 설비가 가동 하도록 하는 것입니다. 이를 통하여 마모 고장기의 고장률의 최소화할 수 있으며 설비의 수명 또한 연장되는 것입니다. 이를 표현한 것이 〈그림〉의 마모 고장기에 있는 점선 고장률 곡선입니다.

〈표 2〉 초기 고장과 마모 고장 예방 활동

NO	시기	고장 원인	예방 활동
1	초기 고장기	• 표준 이하의 부품(재료) 사용 • 제조 공정 작업의 부적절 • 품질 관리 활동 미흡 • 포장, 저장, 운송의 부적절 • 제조 능력을 고려치 못한 설계 등	*에이징(aging) 실시 *환경 스트레스 시험 (ESS : Environment Stress Screening) • 초가속 스트레스 시험(HASS : High Accelerated Stress Screening)
2	우발 고장기	• 낮은 안전 계수 설계 • 사용자의 과오 • 천재지변 등	• 최악(worst case)을 고려한 설계 • 사용자 교육 및 매뉴얼 수정 • 사용 환경 스트레스를 고려한 설계
3	마모 고장기	• 부식 • 마모 • 열화 • 불충분한 정비 등	• 장비(설비)의 예방 보전 • 수명이 낮은 부품 개선

Q140 제품 출하 후 초기 고장에 대해서 고장 발생률을 줄이기 위한 기법이 궁금합니다.

신뢰성 이론이 다소 복잡한 부분이 많아 간략히 설명 드리겠습니다.

제품의 고장 발생률 특성을 모델링해 보면 욕조 곡선(bathtub curve)의 형태가 됩니다. 그 가운데 귀하가 질문하신 부분은 초기 고장으로 〈그림〉과 같이 그릴 수가 있으

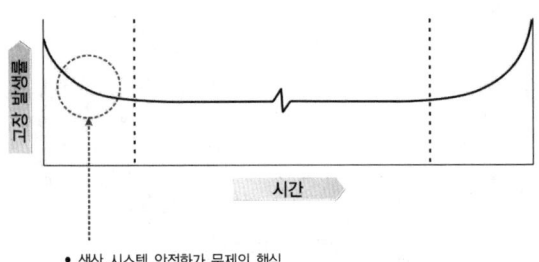

- 생산 시스템 안정화가 문제의 핵심

〈그림〉 신뢰성 곡선의 초기 고장

며, 초기 고장의 주요 원인은 한마디로 생산 시스템이 안정화 되지 않은 것에 기인한다고 볼 수 있습니다.

이를 좀 더 구체적으로 말씀 드리면 공장에서 제품 생산 시에 부적절한 관리를 하였거나 출하 과정에서 미흡한 사항이 발생하기 때문입니다. 제품의 초기 고장을 발생시킬 수 있는 요인들을 살펴보면 다음과 같습니다.

1) 표준 이하의 재료를 사용
2) 불충분한 품질 관리
3) 표준 이하의 작업자 숙련도
4) 불충분한 디버깅
5) 빈약한 제조 기술
6) 빈약한 가공 및 취급 기술
7) 조립상의 과오
8) 오염
9) 부적절한 설치 및 작동
10) 저장 및 운반 중의 부품 고장
11) 부적절한 포장 및 수송

이렇게 다양한 원인들 때문에 제품 사용 초기에 고장이

발생하는 것입니다. 귀사의 사항도 필자가 제시한 사항 중 어느 일부가 해당되리라 봅니다.

이에 대한 핵심적인 대책으로는 다음의 3가지가 일반적으로 권고되고 있습니다.

첫째, 출하 전 충분한 디버깅
둘째, 제조 설비 및 기술 향상
셋째, 재료 및 공정 관리의 안정화

Q141

신뢰성에서 $F(t), R(t), f(t), \lambda(t)$에 대한 이해가 어렵습니다. 각각의 개념과 계산 방법에 대하여 사례와 함께 알려 주시면 많은 도움이 될 것 같습니다.

A $R(t)$란 특정 시간에 부품(제품)이 살아있을 확률로 다음과 같이 산출합니다.

$$R(t) = (N-r) / N$$

여기에서 $R(t)$: t시간에서의 신뢰도

 N : 대상의 총수(시간, 거리, 사이클)

 r : 가동 시간(t)까지의 고장 수

$F(t)$란 $R(t)$의 반대 개념이며, 특정 시간에 부품(제품)이 죽어 있을 확률로 다음과 같이 산출합니다.

$$n(t) - n(t+\triangle t) \ F(t) = 1 - R(t)$$

$F(t)$란 순간 고장률로 부품(제품)이 총 가동 시간 중 단위 시간 동안 고장을 일으키는 비율을 말하며, 다음과 같

이 산출합니다.

$f(t)$ = 시간 $(t, t+\triangle t)$간의 고장 개수 / (샘플 수 $\times \triangle t$)

= { } / $(N \times \triangle t)$

$\lambda(t)$란 평균 고장률로 부품(제품)이 특정 시간(정해진 구간) 동안 고장을 일으키는 비율을 말하며, 다음과 같이 산출합니다.

$\lambda(t)$ = 시간$(t, t+\triangle t)$의 고장 개수 / (샘플수 $\times \triangle t$) = $\{n(t)-n(t+\triangle t)\}$ / $\{n(t) \times \triangle t\}$

예를 들어 90개의 부품에 대하여 수명 시험 결과가 다음과 같을 때 $F(t)$, $R(t)$, $f(t)$, $\lambda(t)$를 구해 보면 다음 〈표〉와 같습니다.

〈표〉 시간대별 신뢰성 지수

t	고장 대수	$F(t)$	$R(t)$	$f(t)$	$\lambda(t)$
0 - 1	4	0.0445	(90−4)/90 =0.9555	4/(90×1) = 0.0445	4/(90×1) = 0.0445
1 - 2	21	0.2778	(90−25)/90 = 0.7222	21/(90×1) = 0.2333	21/(86×1) = 0.2442
2 - 3	30	0.6111	(90−55)/90 = 0.3889	30/(90×1) = 0.3333	30/(65×1) = 0.4615
3 - 4	25	0.8889	(90−80)/90 = 0.1111	25/(90×1) = 0.2778	25/(35×1) = 0.7143
4 - 5	8	0.9778	(90−88)/90 = 0.0222	8/(90×1) = 0.0889	8/(10×1) = 0.8000
5 - 6	2	1.0000	(90−90)/90 = 0.0000	2/(90×1) = 0.0222	2/(2×1) = 1.0000

Q142 요즘 각 기업에서 도입하고 있는 BSC에 대해 설명해 주세요.

A 균형 성과 관리 카드(balanced score card)는 각 기업에서 사업 성과 관리 시에 전통적으로 중요시되어 오던 재무적 관점 외에 고객, 내부 프로세스, 학습과 성장이라는 3가지의 비재무적 관점도 함께 고려함으로써, 조직의 전략을 입체적으로 관리할 수 있도록 도와주는 효과적인 가치 중심의 성과 관리 기법으로, 1992년에 Nolan Norton 연구소장인 데이비드 노튼과 하버드 비즈니스 스쿨 회계학 교수인 로버트 케플란이 개발한 기법입니다. BSC를 도입한 대부분의 기업에서는 이 기법을 활용하여 조직이나 개인의 성과 평가를 실시하고 있습니다.

다음 〈그림〉에 BSC에서 중요하게 다루고 있는 4대 관점을 간략하게 설명하였으니 참고 바랍니다.

우리의 재무적 성과가 주주들에게 어떻게 보여지고 있는가?

우리의 비전을 달성하기 위해 변화하고 개선하는 능력을 어떠한 방법으로 배양해야 하는가?

비전 달성을 위하여 고객에게는 어떻게 보여지고 있는가?

주주와 고객 만족을 위하여 우리는 어떠한 부문에 탁월해야 하는가?

〈그림〉 BSC 4대 관점

Q143 요즘 저희 회사에서 전략적 성과 관리 시스템 (BSC)이라는 것을 도입하려고 검토하고 있는데, BSC의 4대 관점이 어떤 것인지 알고 싶습니다.

 BSC의 4대 관점에 대해 간략히 설명을 드리면 다음과 같습니다.

• 재무 관점(financial perspective)

재무 관점이란 기업의 주요 이해 관계자들에게 재무적인 지표를 통해 조직의 성과를 보여주기 위한 것입니다.

지금까지의 거의 모든 기업들은 재무적 결과로만 성과를 평가해왔습니다. 그러나 기업 평가자들은 재무 측정 지표의 부정확성, 과거 지향성, 미래 가치 창출 비반영성 및 계량 지표의 한계성 등을 들어 비판하고 있는 것 또한 현실이기도 합니다. 이를 극복하기 위해서, 오늘날의 재무 지표들은 경제적 부가 가치(EVA : Economic Value

Added), 자기 자본 순이익률(ROE : Return on Equity), 투자 회수율(ROI : Return on Investment), 투하 자본 수익률(ROIC : Return on Invest Capital), 주가 관련 지표와 등의 자산 수익성 지표 등을 기업 가치 측정에 확대·적용함으로써 좀 더 정확하고 미래 지향적인 측정을 시도하고 있습니다.

• 고객 관점(customer perspective)

기업 가치 창출의 가장 큰 원천은 고객입니다. 고객에 대한 면밀한 검토와 고객 정보 획득을 통하여 이를 자사의 핵심 역량으로 만들어 나가야 할 필요성이 그 어느 때보다 절실하며, 모든 고객들에게 똑같은 수준의 서비스를 제공한다는 것은 불가능하며 그럴 필요도 없습니다.

기업에게 수익을 가져다 줄 수 있는 고객을 파악해 내고, 이들을 위한 고객 지향적 프로세스를 만들어 나가는 것이 고객 관계(CRM : Customer Relationship Management) 관리의 핵심 성공 요인(CSF : Critical Success Factor)이기 때문입니다.

기업 가치의 가장 근원이 되는 고객의 시각에서 이들을

만족시키고 이들을 통해 기업의 가치를 제고시키기 위해서는, 어떻게 전략을 수립하고 어떠한 성과를 관리해야 하는지 알아야 합니다. BSC는 고객을 기업 가치 창출의 중요 핵심 영역으로 제시하고 있으며, 고객을 수익 창출과 연관시키기 위해 기업의 전략을 집중하고 프로세스를 변화시키며 조직원의 역량을 모으도록 하고 있습니다.

• 내부 프로세스 관점(internal process perspective)

내부 프로세스 관점은 성과를 극대화하기 위하여 기업의 핵심 프로세스 및 핵심 역량을 규명하는 과정에 관련한 관점입니다. 기업의 가치 사슬 내에서 제품 및 서비스가 고객들의 기대를 충족시키고, 경쟁사를 앞서기 위해 이와 관련된 프로세스가 효율적으로 운영되기 위해서 무엇을 해야 하는지를 구체화하는 과정입니다.

기업의 수익을 향상시키기 위한 전략적 고객군을 형성하였다면 각 세분 고객들을 어떻게 하면 만족시킬 수 있을 것인지에 대해 고민해야 하며, 이에 대한 비즈니스 프로세스를 만들어야 합니다. 또한 생산성 혁신을 위한 효율적인 비즈니스 프로세스 관리가 필요합니다.

즉 내부 프로세스는 업무 성과를 극대화하기 위한 절차이면서, 고객에게는 만족을 제공하는 동인(動因)이 됩니다.

• 학습과 성장 관점(learning & growth perspective)

학습과 성장 관점은 BSC의 4가지 관점 중에서 가장 미래 지향적인 관점입니다. 학습과 성장 관점은 다른 3가지 관점의 성과를 이끌어내는 원동력으로서, 특히 구성원의 역량을 강조하고 있습니다. 기업의 정보 시스템에 대한 투자나 역량도 학습과 성장의 관점에서 다루어져야 합니다.

조직 내에 정보 기술이 도입되기 시작하면서, 정보 시스템을 업무의 효율성을 높이기 위한 단순한 기능으로서가 아니라, 기업의 장기적인 역량을 배가시키고 경쟁 우위를 확보하기 위한 전략적 수단으로 인식하는 것입니다.

Q144 성과 지표라는 것을 어떻게 설정하고 관리해야 하는지요?

A 성과 지표(performance indicators)란 어떤 일에 결과를 측정할 수 있는 수단으로서, 누가 보더라도 객관적이며 명확하여 요즈음 기업에서는 모든 것을 성과지표로 관리하려고 하는 추세입니다.

피터 드러커(Peter F. Drucker)는 '우리가 측정할 수 없는 것은 관리할 수 없는 것이며, 관리하기를 원한다면 반드시 측정해야만 한다'라고 어떤 일을 추진하는데 있어서 지표가 얼마나 중요한지를 역설하였습니다.

또한 캐플란(Robert Kaplan)과 노턴(David Norton)은 균형 성과 지표(balanced scorecard)를 통하여 재무, 고객, 내부 프로세스, 학습과 성장의 4대 관점에 대한 성과 지표 관리를 강조하고 있습니다.

귀하가 질문한 성과 지표의 설정은 귀사의 비전 및 전략을 근거로 하여 그것의 달성 수단을 수립하고, 그에 대한 달성 정도를 측정할 수 있는 지표를 만들어야 합니다. 그것이 바로 성과 지표가 되는 것이며, 그 성과 지표는 측정 방법 및 측정 기준을 명확히 하기 위하여 다음 〈그림〉과 같이 핵심 성과 지표 카드를 만들어 운영하는 것이 효율적입니다.

KPI CARD

관점		KPI 명		KPI Code	
KPI 설명				산출 주관 부서	
				산출 관련 부서	
선행/후행 지표	산출 주기		단위		극성
KPI 산출식			근거 자료		
데이터 Source			데이터 수집 방법		

〈그림〉 핵심 성과 지표 카드

Q145

QFD의 고객 요구 사항에서 코스트에 대한 요구는 왜 제외해야 하는지요? 꼭 품질과 관련된 요구 사항에 대해서만 적용 가능한 기법인가요?

A 품질 기능 전개(QFD : Quality Function Deployment)란 소비자의 요구 품질을 대용 특성으로 전환하여 완성품의 설계 품질을 정하고, 이것을 각 기능 부품의 품질이나 공정의 요소에 이르기까지 이들 간의 관련을 계통적으로 전개해 나가는 기법입니다

이 기법은 고객의 요구를 제품에 반영하는데 매우 효과적이며, 전개 모형이 마치 집의 모양과 유사해 '품질의 집(the house of quality)'이라고도 합니다.

귀하의 질문에서 코스트에 대한 요구는 어떤 제품이건 간에 고객의 요구로 도출될 수 있는 사항이나 이를 특정한 대용 특성으로 전환할 수 없다는 것에 그 이유가 있습니다.

품질 기능 전개란 말 그대로 고객이 요구하는 기능을 실

현하는 수단이지 원가 절감의 수단과는 다소 거리가 있습니다.

단지 제품 기획 단계의 품질 기능 전개 → 부품 기획 단계의 품질 기능 전개 → 공정 기획 단계의 품질 기능 전개 → 생산 기획 단계의 품질 기능 전개로 구체화되는 단계에서, 전체적인 제품의 제조 원가를 최소화할 수 있도록 최대한 검토합니다.

때에 따라 제조 원가를 최소로 하기 위하여 각 단계별 코스트의 적정성을 평가하는 QFCD(Quality Function Cost Deployment)란 방법으로 진행하기도 합니다.

Q146

HOQ 작성 시 CFT 조직을 통해 고객 요구 사항을 파악하고 제품 특성을 작성하여 최종 결과까지 도출한 후 결과가 잘못되었음을 알게 되면 어떻게 해야 하나요? 똑같은 CFT 조직원들이 다시 처음부터 시작하면 똑같은 결과가 나올 것 같습니다.

A 고객 요구 사항에 대한 HOQ(House of Quality)를 질문하시는 걸 보니 제품 기획 단계의 품질 기능 전개(quality function deployment)를 하신 것 같습니다.

고객 요구 사항(VOC : Voice of Customer)을 자사의 기술 특성인 대용 특성으로 전환하여 고객의 요구를 반영하였는데 잘못되었음을 알았다면 문제는 간단할 것 같습니다.

오히려 HOQ 작성 후에도 무엇이 잘못되었는지 모른다면 그 결과가 제품에 그대로 반영되어 고객에게 판매되겠지요. 즉 고객이 제품을 접하고 나서야 문제점(불만)을 알게 될 것이므로 제품 판매 부진과 기업 이미지 하락 등의 피해가 더 클 것입니다.

하지만 QFD 단계에서 문제를 알았다면 수정이 가능하므로 다행히 큰 문제가 아니라고 볼 수도 있습니다.

그런데 무엇이 잘못되었는지 질문을 보고서는 명확히 알 수가 없어 아쉬운 부분은 있지만, 우선 고객의 요구 사항에 대한 정보 수집이 충분했었는지를 검토해 보세요. 고객의 요구 사항이 누락되었을 경우에는 아무리 HOQ를 잘 작성하였어도 고객을 만족시킬 수가 없으니까요.

또 CFT(Cross Functional Team)의 구성원들이 QFD 이론을 충분히 숙지하고 있는가도 보아야 합니다. 특히 고객의 요구 사항과 대용 특성 간의 상관성을 체크하는 단계에서 현실과 다르게 상관 정도를 체크하였다면, 그 결과가 대용 특성의 전체 평가 점수에 영향을 미치므로 개선 우선순위가 뒤바뀌게 되기 때문입니다.

그리고 팀원의 적정성을 검토해 보세요. QFD 진행을 위해서는 개발, 설계 영업, 품질, 생산 등 관련 부서 모두가 참여하여 다각도의 관점에서 고객 요구를 파악해 제품에 반영해야 하고, 또한 제품에 대해서도 지식이 풍부한 중견 사원 이상이 참여하는 것이 바람직합니다.

Q147 설계 FMEA 및 공정 FMEA의 의미를 설명해 주십시오.

A FMEA(Failure Mode and Effects Analysis)란 우리말로 번역하면 '고장 모드 영향 분석'으로, 설계 및 공정의 잠재적인 결점을 브레인스토밍을 실시하여 찾아낸 후 그에 대한 영향을 분석하는 기법이라고 말할 수 있습니다.

FMEA 실시 방법은 크게 설계 FMEA와 공정 FMEA 2가지로 구분 할 수 있으며, 이에 대한 차이는 다음 〈표〉와 같습니다.

또한 실시 시기는
1) 플롯 전 단계
2) 설계 변경 시
3) 생산 이후 단계에서 고장 발생 시

4) 제품의 라이프 사이클 동안 지속적으로 갱신해야 합니다.

〈표〉 FMEA 구분

구 분	실시 방법
설계 FMEA	설계 단계에서의 제품의 고장 해석을 과거 유사 설계 자료나 고장 보고서를 준비하여 우선 시스템을 구성하는 모든 부품을 찾아내고, 이 부품들의 고장 모드가 타부품과 시스템에 미치는 영향과 고장의 원인을 '바텀 업' 방식으로 조사하는 방법
공정 FMEA	제조 공정 단계에서의 공정의 고장 해석을 과거 유사 공정 부적합 발생 자료나 고장 보고서를 준비하여 우선 시스템을 제조하는 모든 공정을 찾아내고, 이 공정에서의 고장 모드가 타부품과 시스템에 미치는 영향과 고장의 원인을 '바텀 업' 방식으로 조사하는 방법

Q148 설계 FMEA 및 공정 FMEA의 실시 순서에 대해 설명해 주십시오

A 실시 방법은 설계 담당자 외에도 QC, 생산 기술, 제조, 자재, 서비스, 영업 등 폭넓은 경험을 가진 여러 명의 구성원들이 한 팀을 구성하여 실시하는 것이 바람직하며 다음과 같은 순서로 실시합니다.

순서 1 FMEA 양식 준비

순서 2 기본 내용 작성

시스템명, 서브 시스템명, 부품명(공정명), 부품 기능(공정 기능)을 작성합니다.

순서 3 고장 모드 작성

전형적인 고장 모드(형태)의 표현은 다음과 같습니다.

① 균열 ② 끈적거림 ③ 변형
④ 단락 ⑤ 녹 ⑥ 누수
⑦ 감전 ⑧ 전원 공급 안됨 ⑨ 접촉 부적합
⑩ 마모 ⑪ 과열 ⑫ burr 등

[순서 4] 고장 영향 작성

잠재적 고장의 영향은 다음과 같습니다.

① 제품 작동 불가 ② 불규칙 작동
③ 일부 기능 작동 불가 ④ 외관 부적합
⑤ 미가공 ⑥ 미성형
⑦ 소음 발생 ⑧ 파손 등

[순서 5] 고장 요인 작성

본인들이 이론적 지식이나 과거의 고장 경험을 근거로 고장이 발생되는 요인을 색출합니다. 이 때문에 참가 팀원은 해당 제품에 대한 경력이 충분한 사람이어야 합니다.

[순서 6] 고장 평점 작성

고장 평점은 일반적으로 중요도(치명도), 발생도, 검출도(검지도) 3가지에 대하여 통상 1~10단계로 구분하여 평점합니다.

> **순서 7** 위험 순위도(RPN : Risk Priority Number) 작성

1) RPN(치명도)
   - 발생도
   - 검출도
2) RPN 값은 1 ~ 1,000 사이에 있으며, 값이 높을수록 시정 조치를 통하여 RPN 값을 내리는 노력을 팀을 통하여 우선 실시하여야 합니다.
   (통상, RPN 값이 100 이상인 경우 조치 필요)
3) 일반적으로 RPN 값에 상관없이 중요도(치명도) 수치가 높을 경우(8 이상)에는 RPN 값에 관계없이 개선 대책을 실시하는 것이 바람직합니다.

> **순서 8** 개선 후 위험 순위도 평가

개선 조치 후의 중요도, 발생도, 검출도를 파악·평가하여 기록한 결과로서, 만일 개선 조치가 이루어지지 않았다면 RPN 값을 평가하지 말고 공란으로 남겨 놓습니다.

Q149 FMEA를 실시할 때 심각도, 발생도, 검출도에 대한 평점표를 소개해 주세요.

 자동차에 대한 사례를 기준으로 설명하면 다음과 같습니다.

• 심각도

잠재적 고장 형태가 고객에게 미치는 영향의 심각성 정도를 평가한 것으로 다음과 같습니다.

결 과	고장 영향의 심각성	평점
경고 없는 위험	잠재적 고장 형태가 안전한 자동차 운행에 경고 없이 정부 규제를 벗어났을 때로 매우 높은 심각한 수준	10
경고 있는 위험	잠재적 고장 형태가 안전한 자동차 운행에 경고를 하면서 정부 규제를 벗어났을 때로 심각한 순위	9

결과	고장 영향의 심각성	평점
매우 높음	근본적인 기능을 상실하면서 자동차 품목이 작동 불가	8
높음	자동차 품목이 작동하지만 수행 능력 수준 저하 (고객 불만족)	7
보통	자동차 품목이 작동하지만 몇 가지 편의 품목이 작동 불능(고객이 경험한 불만족)	6
낮음	자동차 품목이 작동하지만 몇 가지 편의 품목의 작동력이 수행 능력 수준에 미달 (고객이 경험한 다소 불만족)	5
매우 낮음	맞춤 및 끝마무리가 삐거덕거림 및 덜거덕거려 품목이 적당치 않음 (대부분 고객에 의해 감지 가능)	4
사소함	맞춤 및 끝마무리가 삐거덕거림 및 덜거덕거려 품목이 적당치 않음 (몇몇 고객에 의해 감지 가능)	3
매우 사소함	맞춤 및 끝마무리가 삐거덕거림 및 덜거덕거려 품목이 적당치 않음 (고객의 식별에 의해 감지 가능)	2
없음	영향 없음	1

- 발생도

  고장이 발생될 가능성의 정도로서 다음과 같습니다.

결 과	고장의 정도	고장 확률	C_{Pk}	평점
매우 높음	고장이 거의 불가피	2분의 1	0.33	10
		3분의 1	0.33	9
높음	고장 발생이 잦은 이전 공정과 유사한 공정이 일반적으로 결합됨	8분의 1	0.51	8
		20분의 1	0.67	7
보통	간헐적인 고장 발생을 경험한 이전 공정과 유사한 공정이 일반적으로 결합되지만 중요한 정도는 아님	80분의 1	0.83	6
		400분의 1	1.0	5
낮음	유사 공정과 연관된 독립적 고장	2,000분의 1	1.17	4
		15,000분의 1	1.33	3
희박함	고장은 거의 없음. 거의 동일공정과 연관된 고장은 결코 없음	150,000분의 1	1.5	2
		1,500,000분의 1	1.67	1

※ 고장 확률이나 C_{pk}는 회사 실정에 따라 값을 조정해야 합니다.

- 검출도(검지도)

  출하 전 고장을 발견 할 가능성으로 다음과 같습니다.

결 과	고장이 발견될 가능성	평점
거의 불가능	고장 형태를 발견하기 위해 사용할 수 있는 관리가 알려져 있지 않다.	10
높은 희박성	현재의 관리로 고장 형태를 발견할 가능성이 매우 멀다.	9
희박성	현재의 관리로 고장 형태를 발견할 가능성이 멀다.	8
매우 낮음	현재의 관리로 고장 형태를 발견할 가능성이 약간 있다.	7
낮음	현재의 관리로 고장 형태를 발견할 가능성이 있다.	6
보통	현재의 관리로 고장 형태를 발견할 가능성이 보통이다.	5
보편적으로 높음	현재의 관리로 고장 형태를 발견할 가능성이 높은 편이다.	4
높음	현재의 관리로 고장 형태를 발견할 가능성이 높다.	3
매우 높음	현재의 관리로 고장 형태를 발견할 가능성이 매우 높다.	2
거의 확실	현재의 관리로 고장 형태를 발견할 가능성이 거의 확실하며, 믿을만한 관리가 유사 공정과 함께 알려져 있다.	1

Q150
Single PPM 문제 해결 방법이 분임조나 PDCA 사이클과 같은 것이라 하는데 이해가 안 갑니다. 또한 Single PPM 문제 해결 단계를 알려 주세요.

A 품질 및 생산성 향상을 위하여 많은 개선 기법들이 소개되고 있으나, 문제 해결 프로세스의 본질을 자세히 살펴보면 대부분이 대동소이하다는 것을 알 수가 있습니다.

그 이유는 문제 해결의 접근 방법은 다소 차이가 있을 수 있으나, 근본적인 원리까지는 바꿀 수 없기 때문입니다.

필자가 생각하는 문제 해결의 기본은

'문제 색출 → 원인 파악 → 대안 실시'

의 3단계입니다.

이를 실행하는 방법론에 있어서 분임조 활동은 이를 10단계로 구체화하고 있으며 Single PPM에서는 S → I →

N → G → L → E의 6단계로 구분하여 실시하고 있습니다.

또한 이들은 모두 문제를 해결하기 위한 계획 수립 단계(Plan) → 문제 해결 대안을 수립하여 실행하는 단계(Do) → 실행한 결과를 파악하는 단계(Check) → 실행 결과를 사후 관리하는 단계(Action)로 이루어져있습니다.

이를 알기 쉽게 도식화 해 보면 다음 〈그림〉과 같습니다.

단계	관리 사이클	분임조	Single PPM
1	P	주제 선정	Scopo
2	P	활동 계획 수립	Scopo
3	P	현상 파악	Illumination
4	P	원인 분석	Nonconformity Analysis
5	P	목표 설정	Goal
6	D	대책 수립 및 실시	Level up
7	C	효과 파악	Level up
8	A	표준화	Evalution
9	A	사후 관리	Evalution
10	A	반성 및 향후 계획	Evalution

〈**그림**〉 개선 활동 단계 비교

참고 문헌

6시그마 이론과 실제, 박성현·이명주·정목용, 한국표준협회, 1999.

6시그마 접목 분임조·제안 컨설팅, 김창남, 한국표준협회, 2001.

개선 기법 ABC, 김창남, 한국표준협회미디어, 2007.

관리도, 1995. 三浦新·今泉益正(한국표준협회역), 일본규격협회, 1995.

생각의 지도 위에서 길을 찾다, 토니부잔(권봉중·조진경역), 부잔코리아, 2008.

설비 총점검 추진 실무 교재, 한국표준협회, 2009.

신QC 7가지 도구, 한국표준협회, 1993.

신TPM 전개 프로그램, 한국표준협회역, 일본메인터넌스협회, 2004.

알기 쉬운 QC 7가지 도구, 한국표준협회, 1994.

품질관리 담당자 양성 교재, 한국표준협회, 2013.

현장 개선 프로젝트 추진 도구, 주종문, 지인북스, 2009.

PLP 중심의 제조물 책임 대책 실무, 김창남, 동현출판사, 2002.

TPM 추진 종합 실무 교재, 한국표준협회, 2009.